El Camino de los Espíritus
Shinto: del Ser a lo Sagrado

Haruki Nishimura

Título original: The Way of the Spirits – Shinto: From the Self to the Sacred
Copyright © 2025, publicado por Luiz Antonio dos Santos ME.
Este libro es una obra de no ficción que explora las prácticas y los conceptos del camino espiritual japonés conocido como Shinto. A través de una mirada profunda y sensible, el autor revela cómo esta espiritualidad ancestral puede ser vivida hoy como una forma de conexión con la naturaleza, la armonía y la sacralidad del cotidiano.
1ª Edición
Equipo de Producción
Autor: Haruki Nishimura
Editor: Luiz Santos
Portada: Studios Booklas / *Ciro Takeda*
Consultor: *Mateo Inokuma*
Investigadores: *Akira Hoshida / Renzo Yamura / Sofia Minari*
Diagramación: *Lia Kogane*
Traducción: *Emilio Yasunari*

Publicación e Identificación
El Camino de los Espíritus
Booklas, 2025
Categorías: Espiritualidad / Cultura japonesa
DDC: 299.56 — **CDU:** 299.561(520)

Todos los derechos reservados a:
Luiz Antonio dos Santos ME / Booklas
Ninguna parte de este libro puede ser reproducida, almacenada en un sistema de recuperación o transmitida por cualquier medio — electrónico, mecánico, fotocopia, grabación u otro— sin la autorización previa y expresa del titular de los derechos de autor.

Contenido

Índice Sistemático 5
Prólogo 10
Capítulo 1 Camino de los Kami 14
Capítulo 2 Origen Ancestral 20
Capítulo 3 Naturaleza Sagrada 26
Capítulo 4 Ritos de Pureza 32
Capítulo 5 Espacios Sagrados 39
Capítulo 6 Ofrendas y Plegarias 45
Capítulo 7 Festivales Estacionales 51
Capítulo 8 Dioses Protectores 57
Capítulo 9 Altar Doméstico 63
Capítulo 10 Religión Cotidiana 69
Capítulo 11 Roles del Sacerdote 75
Capítulo 12 Sacerdocio Femenino 81
Capítulo 13 Danzas Sagradas 88
Capítulo 14 Sonidos y Símbolos 94
Capítulo 15 Ritos de Paso 100
Capítulo 16 Camino de la Familia 107
Capítulo 17 Armonía Comunitaria 113
Capítulo 18 Virtudes del Corazón 119
Capítulo 19 Educación y Carácter 125
Capítulo 20 Trabajo como Ofrenda 131
Capítulo 21 Camino de la Prosperidad 138
Capítulo 22 Círculo de las Estaciones 145

Capítulo 23 Santuarios en el Exterior 151
Capítulo 24 Conversión Silenciosa 157
Capítulo 25 Sabiduría Ancestral 163
Capítulo 26 Camino Interior 169
Capítulo 27 Belleza como Camino 175
Capítulo 28 Espíritu de la Gratitud 181
Capítulo 29 Camino de la Armonía 187
Capítulo 30 Eternidad de los Kami 193
Capítulo 31 Sabiduría de los Ciclos 199
Capítulo 32 El Legado Vivo 205
Epílogo 210

Índice Sistemático

Capítulo 1: Camino de los Kami - Presenta el Shinto como la senda de los Kami, enfocándose en la percepción de lo sagrado en la naturaleza y la vida cotidiana.

Capítulo 2: Origen Ancestral - Explora los orígenes mitológicos del Shinto, detallando los mitos de creación que involucran a Izanagi, Izanami, Amaterasu y otros Kami.

Capítulo 3: Naturaleza Sagrada - Aborda la sacralidad de la naturaleza en el Shinto, donde los elementos y paisajes naturales son vistos como manifestaciones o moradas de los Kami.

Capítulo 4: Ritos de Pureza - Se centra en la importancia de la pureza (kiyome) y los rituales (misogi, harae) utilizados para eliminar la impureza (kegare).

Capítulo 5: Espacios Sagrados - Describe la estructura, propósito y atmósfera de los santuarios sintoístas (jinja) como espacios consagrados para el encuentro con los Kami.

Capítulo 6: Ofrendas y Plegarias - Detalla la práctica de realizar ofrendas (shinsen) y plegarias (norito) como expresiones de gratitud y reverencia a los Kami.

Capítulo 7: Festivales Estacionales - Explora la significancia de los festivales estacionales (matsuri) en el Shinto, celebrando los ciclos de la naturaleza y la conexión comunitaria.

Capítulo 8: Dioses Protectores - Introduce a varios Kami protectores, incluyendo guardianes comunitarios (ujigami) y deidades asociadas a aspectos específicos de la vida como Inari, Hachiman y Tenjin.

Capítulo 9: Altar Doméstico - Se enfoca en el kamidana, el altar sintoísta doméstico, como un espacio para la reverencia diaria y la conexión con los Kami dentro del hogar.

Capítulo 10: Religión Cotidiana - Discute cómo la espiritualidad sintoísta impregna la vida diaria a través de gestos simples, actitudes y prácticas como la limpieza y la expresión de gratitud.

Capítulo 11: Roles del Sacerdote - Describe el papel y las responsabilidades del sacerdote sintoísta (kannushi) como guardián de los rituales y facilitador de la comunicación con los Kami.

Capítulo 12: Sacerdocio Femenino - Destaca el rol histórico y contemporáneo de las mujeres en el Shinto, incluyendo las miko (asistentes del santuario) y las sacerdotisas ordenadas.

Capítulo 13: Danzas Sagradas - Explora el kagura, las danzas sagradas sintoístas, como expresiones rituales y medios para invocar la presencia de los Kami.

Capítulo 14: Sonidos y Símbolos - Discute la importancia de los sonidos (campanas, aplausos, tambores taiko) y símbolos visuales (torii, shimenawa, shide) en la comunicación y práctica sintoísta.

Capítulo 15: Ritos de Paso - Detalla los rituales clave del ciclo de vida (hatsumiyamairi, Shichi-Go-San, matrimonio, kanreki) que marcan y consagran las transiciones en el Shinto.

Capítulo 16: Camino de la Familia - Explora la significancia de la familia en el Shinto, enfatizando la reverencia ancestral y el hogar como espacio sagrado.

Capítulo 17: Armonía Comunitaria - Discute el concepto de wa (armonía) dentro de la comunidad, fomentado por la reverencia compartida al ujigami local y la participación colectiva en festivales.

Capítulo 18: Virtudes del Corazón - Se enfoca en las virtudes centrales del Shinto como makoto (sinceridad), pureza, respeto y rectitud como cualidades cultivadas a través de la práctica.

Capítulo 19: Educación y Carácter - Examina cómo los principios sintoístas influencian la educación japonesa, enfatizando la formación del carácter a través del ejemplo, la disciplina y el cuidado del entorno.

Capítulo 20: Trabajo como Ofrenda - Presenta la perspectiva sintoísta del trabajo como una ofrenda sagrada, donde la dedicación y la excelencia honran a los Kami.

Capítulo 21: Camino de la Prosperidad - Discute la visión sintoísta de la prosperidad como una consecuencia natural de vivir en armonía y gratitud, a menudo asociada con Kami como Inari y los Shichifukujin.

Capítulo 22: Círculo de las Estaciones - Explora el significado espiritual de los ciclos naturales, particularmente las estaciones, y cómo alinearse con ellos fomenta la sabiduría y la armonía.

Capítulo 23: Santuarios en el Exterior - Discute la presencia y adaptación de los santuarios y prácticas sintoístas fuera de Japón, llevados por comunidades de inmigrantes.

Capítulo 24: Conversión Silenciosa - Describe el concepto de "conversión silenciosa" en el Shinto, donde la adhesión surge de la práctica y la resonancia en lugar de una declaración formal o exclusividad.

Capítulo 25: Sabiduría Ancestral - Profundiza en la sabiduría ancestral contenida en los mitos sintoístas (Kojiki, Nihon Shoki) como guías simbólicas para la vida.

Capítulo 26: Camino Interior - Explora la dimensión interna y contemplativa del Shinto, alcanzada a través de la presencia, la atención consciente a la naturaleza y el cultivo del "corazón verdadero" (magokoro).

Capítulo 27: Belleza como Camino - Discute la belleza, particularmente la estética wabi-sabi que aprecia la imperfección y la transitoriedad, como una senda espiritual en el Shinto.

Capítulo 28: Espíritu de la Gratitud - Se enfoca en la gratitud como elemento central de la práctica sintoísta, expresada a través de gestos y rituales diarios, fomentando la conexión con los Kami.

Capítulo 29: Camino de la Armonía - Elabora sobre wa (armonía) como principio fundamental, abarcando el equilibrio con la naturaleza, la comunidad y uno mismo, mantenido a través de la pureza y el respeto.

Capítulo 30: Eternidad de los Kami - Discute el concepto sintoísta de la eternidad de los Kami y los ancestros, enfatizando la continuidad, la transformación y la presencia perdurable del espíritu.

Capítulo 31: Sabiduría de los Ciclos - Explora la sabiduría derivada de comprender y vivir de acuerdo con los ciclos de la vida, abrazando la impermanencia y la renovación.

Capítulo 32: El Legado Vivo - Concluye enfatizando el Shinto como un legado vivo, un camino espiritual adaptable centrado en la reverencia, la presencia y el hallazgo de lo sagrado en lo cotidiano.

Prólogo

Hay lugares en el mundo donde lo invisible no es ausencia, es presencia. Donde cada piedra, cada hoja y cada soplo de viento porta una chispa de lo sagrado. Japón es uno de esos lugares.

En un archipiélago insular que vive entre terremotos y silencios, entre el rigor de la disciplina y la levedad de la contemplación, se alza una civilización que resiste al tiempo no con fuerza, sino con reverencia. Una nación que encontró prosperidad no solo en los rascacielos o en los avances tecnológicos, sino, sobre todo, en la delicadeza de un gesto, en la profundidad de un rito, en la armonía con lo que pulsa invisible.

Los japoneses viven más. Sonríen más. Enferman menos. Sus jardines hablan en silencio, sus santuarios susurran a los atentos. ¿Por qué? ¿Sería esto solo el reflejo de una cultura funcional, de una ética rigurosa, de una estética refinada? ¿O habría algo más profundo sosteniendo tanta armonía?

La respuesta —como todo lo sagrado— no está en la superficie.

Este libro revela un secreto ancestral. Un secreto que no se esconde por miedo, sino que se protege por su sutileza. Porque no se trata de un sistema de creencias o de un conjunto de reglas. Se trata de una forma de ver el mundo. De sentir el mundo. De ser en el mundo.

Descubra lo que está detrás de la longevidad japonesa. Despierte a la espiritualidad que impregna lo cotidiano de millones de personas que, incluso sin declararse religiosas, viven en sintonía profunda con fuerzas que trascienden el entendimiento lógico.

Esta sabiduría milenaria que aquí se presenta no grita. Susurra. No impone. Invita. Como el rocío que se forma en las hojas antes del amanecer, exige presencia para ser percibida. Y cuando es percibida, transforma. Transforma la mirada, el gesto, el cuerpo, la casa, la vida.

Cada capítulo de este libro es un portal. Un torii simbólico que usted atraviesa para acceder no a otro mundo, sino a otra forma de habitar este mundo. Aquí, se le presentará el Shinto no como una religión exótica, sino como un lenguaje espiritual universal —un llamado a la reconexión con la naturaleza, con los ancestros, con el silencio y, sobre todo, con su *magokoro*: el corazón verdadero.

No espere doctrinas. Lo que encontrará son revelaciones. Revelaciones sorprendentes sobre cómo el espíritu puede habitar la materia, cómo el tiempo puede ser circular, cómo el trabajo puede ser ofrenda, y cómo lo bello puede ser camino.

El Shinto, tal como aquí se presenta, no ofrece promesas. Ofrece prácticas. Prácticas sencillas, pero sagradas. La forma de lavarse las manos, de cruzar un portal, de mirar una flor, de limpiar el hogar, de guardar silencio —todo puede ser ritual, todo puede ser comunión. Todo puede ser camino.

Hay en esta obra un llamado a la sensibilidad. Una invitación para que usted se convierta no solo en lector, sino en devoto del instante presente. Para que reconozca, al fin, que no es necesario estar en Japón para vivir como un japonés espiritual. Basta mirar alrededor con reverencia. Basta respirar con consciencia. Basta reconocer que la hoja que cae, el sol que nace, la lágrima que corre, todo es manifestación de un divino que habita lo cotidiano.

Este libro es una ofrenda. Y al leerlo, usted estará no solo recibiendo un contenido —estará entrando en sintonía con un campo vibracional que hace siglos sostiene una de las culturas más armónicas del planeta.

Usted será conducido por mitos fundadores, por danzas sagradas, por rituales de pureza, por celebraciones colectivas que no solo entretienen, sino que enseñan a vivir con alma. No se engañe: lo que aquí se comparte no es una curiosidad etnográfica. Es una sabiduría que toca el alma humana en cualquier latitud.

En tiempos de crisis, velocidad y dispersión, este libro se presenta como un refugio. Pero más que eso: como un recomienzo.

Permítase atravesar los portales invisibles de lo sagrado. Permítase ver con nuevos ojos. Permítase ser tocado por una espiritualidad que no separa el cielo de la tierra, ni el espíritu del cuerpo. Aquí, todo es uno. Todo es *kami*. Todo es oportunidad de reconexión.

Al final de la lectura, usted no será el mismo. Y el mundo, que ya era sagrado, finalmente será reconocido como tal por usted.
Luiz Santos Editor

Capítulo 1
Camino de los Kami

El mundo no es solo un escenario de materia y movimiento, sino un vasto campo donde lo invisible susurra entre hojas, ríos y brisas. El Japón ancestral, enclavado entre montañas volcánicas y mares profundos, reconoció hace milenios ese susurro. De él emergió una de las visiones espirituales más singulares y etéreas de la humanidad: el Shinto.

Diferente de las grandes religiones occidentales o de los sistemas filosóficos orientales, el Shinto no se construye con dogmas o doctrinas impositivas. No impone una verdad única, ni presenta un salvador al que seguir. En vez de eso, ofrece un camino de percepción —una senda espiritual sensible, donde lo sagrado se revela en lo cotidiano, en los ciclos naturales y en la relación íntima entre el ser humano y el cosmos. Es el Camino de los Kami.

"*Kami*" es una palabra que no se traduce con precisión. Algunos la interpretan como "dioses", otros como "espíritus", pero ninguna de esas expresiones alcanza su real profundidad. Los *kami* son presencias, potencias, conciencias que se manifiestan en las cosas y más allá de ellas. Una montaña puede ser un *kami*; un árbol antiguo, un río que serpentea en silencio entre piedras, la fuerza bruta de un tifón, el brillo efímero de una flor de cerezo al caer, todo esto puede contener o ser un *kami*. Pero no solo la naturaleza visible: ancestros venerados, héroes del pasado, fundadores de clanes, todos pueden ascender a ese estado espiritual. El mundo, visto con ojos sintoístas, está profundamente animado —y no hay separación radical entre lo espiritual y lo material.

Llamar al Shinto "religión" es, a veces, reducir su espectro. Es más preciso comprenderlo como un modo de estar en el mundo, una forma de relación entre el ser y lo invisible, entre lo humano y el ambiente. No hay escrituras reveladas por dioses únicos y todopoderosos, ni una figura central a quien se deba adoración exclusiva. Tampoco hay promesas de salvación eterna o castigos infernales. Hay, antes bien, una invitación a la armonía — *wa* — y a la pureza — *kiyome*. La vida es vivida en su plenitud, y lo sagrado es una continuidad de lo cotidiano, no su negación o trascendencia.

El Camino de los Kami comienza con la atención. Observar una piedra, no como objeto, sino como presencia. Sentir el viento y percibir su alma. Escuchar la lluvia, no como un sonido incidental, sino como un murmullo que toca el espíritu. Esa percepción, que se desarrolla con el tiempo y con el cuidado, abre el alma al mundo de los *kami*. Ellos no gritan. No se imponen. Son como ecos que responden a la reverencia sincera. El mundo, en ese sentido, se convierte no solo en un lugar para vivir, sino en un santuario en sí mismo.

Este camino no exige fe ciega. Exige sensibilidad. Exige integridad interior, conocida como *magokoro* —el "corazón verdadero"—, que se expresa en acciones sencillas y sinceras. La reverencia a un *kami* puede hacerse con una rama de *sakaki* erguida con respeto, una oración silenciosa bajo una cascada, o incluso con la postura cuidadosa al limpiar la entrada de casa. Todo es expresión. Todo es ofrenda. Y, por eso, todo puede ser sagrado.

El Shinto floreció en un archipiélago donde las fuerzas naturales son inmensas e indomables. Los terremotos, tifones, tsunamis y erupciones moldearon no solo la geografía, sino el espíritu del pueblo. Ante esa naturaleza grandiosa e imprevisible, el ser humano no se impone. Observa, reverencia y aprende a fluir. La espiritualidad de los japoneses, moldeada por el Shinto, reconoce esa dependencia del ambiente y desarrolla con él una relación de profunda gratitud y respeto. De ahí el sentido ecológico que emana de la cultura tradicional: no es moda, es cosmovisión. Cuando se comprende que un río tiene espíritu, contaminarlo se convierte en un sacrilegio. Cuando se entiende que una montaña es morada de dioses, su devastación es una profanación. El Shinto no necesitó crear tratados ecológicos, porque su visión ya era ecológica en esencia.

La naturaleza no son "recursos" —es parentesco—. Cada ser, cada planta, cada fenómeno es parte de una gran familia cósmica, donde el humano no ocupa un trono, sino un lugar de coexistencia.

Esa sensibilidad, tan profundamente arraigada en la cultura japonesa, trasciende el tiempo. Incluso hoy, en medio de rascacielos, luces de neón y trenes de alta velocidad, el Camino de los Kami permanece. Un pequeño altar puede verse en una esquina concurrida de Tokio. Un *torii* solitario se alza entre edificios, marcando el paso hacia un santuario minúsculo, pero repleto de presencia. Jóvenes aún hacen ofrendas silenciosas, ancianos aún reverencian los árboles sagrados con las manos juntas. Lo moderno y lo arcaico se entrelazan, no en oposición, sino en continuidad.

En el Shinto, no hay conversión. Nadie se vuelve sintoísta porque firma un papel o recita una fórmula. Uno se vuelve sintoísta al vivir con reverencia. Al agradecer por la comida, al purificarse antes de entrar en un santuario, al saludar el nuevo día con respeto. Es una práctica silenciosa, íntima y cotidiana. Muchos japoneses ni siquiera se declaran religiosos y, sin embargo, viven el Shinto en cada gesto. Eso confunde a los estudiosos occidentales, acostumbrados a sistemas donde la identidad religiosa es una etiqueta clara. En Japón, es fluida como la bruma sobre los arrozales al amanecer.

El Camino de los Kami es, también, un camino de pureza. Pero no en el sentido moralista que Occidente suele atribuir a la palabra. La pureza en el Shinto se refiere a la limpieza energética, a la levedad del ser, a la desobstrucción del alma para que los *kami* puedan acercarse. Impureza, o *kegare*, es todo aquello que perturba esa armonía —tristeza profunda, muerte, enfermedad, caos emocional—. Por eso, hay tantos ritos de purificación, baños, ofrendas, plegarias y silencios. El cuerpo, el ambiente y el espíritu deben estar en consonancia para que lo sagrado se manifieste plenamente.

El mundo está lleno de *kami*, dicen los antiguos. Y de hecho lo está. Pero hacen falta ojos que vean, oídos que escuchen y un corazón que comprenda. El Shinto, al contrario de muchas religiones, no desea convertir. Invita. Su voz no grita, susurra. Y lo que dice es simple, pero transformador: todo es sagrado. Cada hoja, cada lágrima, cada gesto puede ser un vínculo con lo divino, si hay sinceridad y atención. El Shinto es un arte de vivir —y vivir bien, con gratitud, respeto y encanto.

El lector occidental que se aproxima a este camino tal vez lo haga buscando respuestas. Pero encontrará, antes, un espejo. Y en él verá no el rostro de un dios que exige adoración, sino el reflejo de un mundo que aguarda ser reverenciado. El árbol que crece en el patio, el río que pasa cerca de casa, el cielo al amanecer —todo está impregnado de la presencia que los japoneses llamaron *kami*. Y el corazón, al reconocer esa presencia, también se transforma.

El Shinto, por lo tanto, nos convoca a un estado de atención radical, donde vivir es, esencialmente, un acto poético. No se trata de buscar una lógica trascendente o una explicación totalizante del universo, sino de cultivar una escucha constante a lo que vibra silenciosamente en lo real. Esa escucha no es solo metafísica, sino ética: implica responsabilidad, humildad y reciprocidad con todo lo que vive y pulsa. En ese sentido, el Camino de los Kami no es solo una vía espiritual, sino también un entrenamiento de la sensibilidad —un aprendizaje continuo de cómo habitar el mundo con delicadeza y reverencia. Al contrario de las tradiciones que ven lo sagrado como algo distante o reservado a los grandes templos, aquí lo sagrado se insinua en lo ordinario, pidiendo solo una mirada despierta.

Esta manera de estar en el mundo no niega el sufrimiento, sino que lo acoge como parte del flujo. Las pérdidas, las ausencias y las impurezas no son maldiciones que evitar, sino estados que reconocer, purificar y atravesar con coraje y serenidad. El Shinto no enseña a eliminar el caos, sino a restaurar la armonía siempre que esta se rompe. La vida es vista como un campo dinámico de fuerzas, donde el papel humano es el de constante armonizador. En ese proceso, el ritual no es un formalismo vacío, sino una práctica vital, donde el cuerpo, el gesto y la intención tejen puentes entre lo visible y lo invisible. Por eso, incluso los actos más simples —como lavarse las manos antes de una plegaria— ganan densidad espiritual y poética.

Al final, el Camino de los Kami no apunta a un destino final, sino a un viaje continuo de sintonía con el mundo. Un viaje sin exigencias de fe, pero rico en exigencias de presencia. Estar entero en cada instante, con el *magokoro* latiendo en cada gesto, es la ofrenda más profunda que se puede hacer. Y cuando ese corazón verdadero se encuentra con el mundo, el mundo responde. No con milagros estruendosos, sino con la gracia sutil de una brisa que acaricia, de una luz que se filtra por las hojas, de una paz que brota sin motivo aparente. Y entonces comprendemos: vivir con los *kami* es, sobre todo, un arte de amar el mundo en su totalidad.

Capítulo 2
Origen Ancestral

Antes de que existieran reyes, templos o nombres, existía el vacío. No el vacío de la ausencia, sino un vacío pleno de potencia, donde lo invisible fermentaba en silencio. De ese principio ancestral, indistinto y misterioso, emergieron los primeros *kami*. No nacieron como humanos, ni tampoco asumieron formas definidas. Eran presencias, vibraciones cósmicas, que habitaban el plano de lo invisible y dieron origen a lo que hoy se conoce como el mundo.

Los orígenes del Shinto están entrelazados con la mitología japonesa registrada en los textos clásicos *Kojiki* ("Crónicas de Asuntos Antiguos", compilado en 712) y *Nihon Shoki* ("Crónicas de Japón", concluido en 720). Estas obras no son solo repositorios de mitos antiguos —son expresiones vivas de una cosmovisión donde lo espiritual y lo físico son inseparables—. Sus relatos no tienen la pretensión de ser "historia factual", como la comprende el pensamiento moderno, pero revelan una verdad más profunda: la de la conexión sagrada entre la tierra, el pueblo y los dioses.

Al principio, cuando el cielo y la tierra aún no estaban separados, surgieron los primeros *kami* celestes. Existían en el plano más elevado de la realidad, en una morada conocida como Takamagahara, el Alto Plano Celestial. Entre esos primeros seres, destacan tres *kami* primordiales: Ame-no-Minakanushi, Takamimusubi y Kamimusubi. Ellos no actuaron, no hablaron, solo existieron —silenciosos y sublimes, como arquetipos de la creación.

Con el tiempo, otros *kami* surgieron, y entre ellos, finalmente, los dioses creadores de la tierra: Izanagi-no-Mikoto e Izanami-no-Mikoto. Sus figuras son centrales en la cosmogonía sintoísta. Encargados de formar el mundo físico, recibieron de las divinidades celestiales una lanza sagrada enjoyada —la Ame-no-Nuboko—. Situados en el puente entre los cielos y el caos primordial, Ame-no-Ukihashi, sumergieron la lanza en el mar indistinto que había debajo. Al levantarla, gotas viscosas cayeron de su punta y se solidificaron, formando la primera tierra: la isla de Onogoro-shima.

Fue allí donde Izanagi e Izanami descendieron, y allí se unieron para dar inicio a la creación de las demás islas de Japón, en un ritual que fusiona erotismo sagrado y fertilidad divina. La danza alrededor del pilar central, el encuentro de miradas y palabras, el intercambio de energías masculinas y femeninas —todo simboliza la unión de fuerzas opuestas y complementarias—. De esta unión nacieron las islas del archipiélago japonés y un vasto linaje de *kami*, cada uno relacionado con aspectos naturales y sociales: mares, ríos, montañas, vientos, árboles, fuego.

Sin embargo, no todo fluyó sin tragedia. Al dar a luz al *kami* del fuego, Kagutsuchi, Izanami sufrió quemaduras fatales. Su cuerpo fue consumido por el dolor y la muerte, y descendió al reino sombrío de Yomi, el mundo de los muertos. Izanagi, embargado por la desesperación, intentó rescatarla, pero al encontrarla en descomposición, rompió el pacto del silencio y fue expulsado de aquel mundo por su amada transformada en ira.

La huida de Izanagi de Yomi marca una ruptura: la presencia de la muerte en el mundo, la impureza que contamina lo vivo, y la necesidad de purificación. Al regresar al mundo de los vivos, Izanagi realiza un ritual de purificación —el primer *misogi*— sumergiéndose en un río para librarse de las impurezas contraídas en el inframundo. Y es en ese momento que nacen los tres dioses más importantes del panteón sintoísta: Amaterasu-ōmikami (diosa del sol), de su ojo izquierdo; Tsukuyomi (dios de la luna), de su ojo derecho; y Susanoo (dios de las tempestades y del mar), de su nariz.

Estos tres dioses celestiales heredaron diferentes aspectos del cosmos y protagonizaron los dramas que moldearían la relación entre lo divino y lo humano. Amaterasu, la más reverenciada de todas, brilla no solo como sol físico, sino como luz espiritual. Se convierte en la ancestro de la familia imperial japonesa y la fuente de legitimidad divina del trono. Su morada en Takamagahara es un símbolo del orden, la armonía y la claridad.

Su mito más célebre, sin embargo, es el del retiro en la cueva. Tras un conflicto con su hermano Susanoo —marcado por destrucción, agresión y falta de respeto— Amaterasu se esconde en una cueva, sumiendo al mundo en la oscuridad. El caos se instala, y todos los *kami* se reúnen para traerla de vuelta. Con danzas rituales, risas y ofrendas, logran atraer su atención hasta que ella, curiosa, se asoma a la entrada de la cueva. En ese momento, le muestran un espejo y, al ver su reflejo, queda encantada y sale. La luz regresa al mundo.

Este mito es más que un cuento. Habla de la importancia de la belleza, la celebración y la colectividad como formas de restaurar el orden. Muestra que la luz puede perderse cuando reina el desequilibrio, y que la restauración exige arte, inteligencia y comunión.

La relación entre Amaterasu y los humanos es directa. Según la tradición, envió a su nieto, Ninigi-no-Mikoto, para gobernar la tierra. A él le entregó tres tesoros sagrados: el espejo (simbolizando sabiduría e introspección), la espada (coraje y acción justa) y la joya curva (benevolencia y vínculo). Estos objetos, conocidos como los Tres Tesoros Imperiales, son aún hoy símbolos del trono japonés. El bisnieto de Ninigi, Jimmu Tenno, sería el primer emperador de Japón, estableciendo el linaje imperial directamente descendiente de la diosa solar.

Esta conexión entre divinidad y humanidad es crucial. Disuelve la separación rígida entre lo sagrado y lo profano. En el Shinto, el ser humano puede, a través de acciones virtuosas y una vida íntegra, convertirse en un *kami*. Los ancestros venerados, los héroes que marcaron la historia de sus comunidades, los fundadores de clanes —todos pueden ser elevados a la condición espiritual—. La muerte no es el fin, sino una transición. La ancestralidad está viva, presente, actuante. El culto a los ancestros no es nostalgia, sino continuidad de la presencia espiritual en el mundo.

La comprensión del origen mítico de Japón y de los dioses no es, pues, un ejercicio intelectual o literario. Es una forma de vivir en consonancia con la verdad del cosmos, reconociendo la sacralidad de la tierra, de los vínculos familiares, del orden natural. Cada rito, cada gesto ceremonial, evoca los pasos de Izanagi, las enseñanzas de Amaterasu, el ardor de Susanoo. La tradición sintoísta no se distancia de la mitología —la actualiza en cada ofrenda, en cada festival, en cada reverencia hecha con corazón sincero.

Al mirar esta cosmogonía, percibimos que el Shinto no busca una separación entre lo humano y lo divino, sino una red continua de relaciones, donde todo lo que existe es manifestación y extensión de la energía primordial de los *kami*. No hay jerarquía rígida entre el cielo y la tierra, sino un flujo constante entre los mundos, tejido por narrativas simbólicas que orientan el modo de ser, actuar y pertenecer.

La memoria ancestral se convierte, por lo tanto, en un campo de revelaciones que aún pulsa, enseñando que el pasado no está encerrado —respira a través de las montañas, los ríos y las prácticas transmitidas de generación en generación—. Y es en ese entrelazamiento que Japón, más que una nación, se revela como paisaje sagrado, moldeado por manos divinas y corazones humanos en comunión.

El nacimiento de los dioses y de las islas, los dramas míticos entre hermanos celestiales y el envío de los tesoros imperiales componen un tapiz que ancla el presente en la eternidad. En lugar de dogmas, el Shinto ofrece mitos vivos, capaces de dialogar con lo cotidiano, nutriendo el alma y el sentido de pertenencia. Cada relato mítico trae no solo la génesis de un pueblo, sino una pedagogía sutil sobre equilibrio, coraje, reverencia y purificación. A través de estas historias, se comprende que la creación no es un acto único y cerrado, sino un proceso continuo, que se rehace en los rituales, en la ética y en la estética del vivir. El mundo, desde esta óptica, no es un dato bruto a dominar, sino un don a honrar.

Así, retornar al origen es más que revisitar un tiempo mítico —es reactivar la escucha a lo que siempre ha estado presente: la sacralidad que impregna el mundo—. El Shinto enseña que somos hijos del cielo y de la tierra, herederos de la luz de Amaterasu y del clamor de Izanagi. Al reconocer esta herencia, el ser humano se reintegra al orden cósmico no como dominador, sino como cuidador y celebrante. El origen ancestral, lejos de ser un punto distante, es una presencia que sostiene el ahora. Y es en ese reconocimiento que el camino espiritual se fortalece, permitiendo que cada gesto, por más simple que sea, se convierta en un eco de la creación primordial.

Capítulo 3
Naturaleza Sagrada

La brisa que atraviesa un bosque antiguo, el silencio de un lago al atardecer, el sonido distante de las cigarras en un verano japonés —todo esto no es solo un fenómeno natural—. Para quien recorre el Camino de los Kami, son manifestaciones directas de lo sagrado. La naturaleza, en toda su variedad y ritmo, no es objeto de contemplación solo estética o científica. Es, sobre todo, territorio espiritual. En el Shinto, la naturaleza no simboliza lo divino —lo contiene—.

Esta percepción no es filosófica o teórica, sino profundamente visceral. Vivir según el Shinto es vivir inmerso en un mundo donde cada piedra y cada hoja portan espíritu. El concepto que permea esta visión se llama *shinrabanshō* —una palabra que, de forma amplia, designa la totalidad de las cosas del universo—. En su esencia está la idea de que todo lo que existe posee espíritu, fuerza vital, conciencia. Nada es verdaderamente inerte. Un río que atraviesa valles no es solo agua en movimiento: posee alma, memoria, voluntad. Una montaña no es mera formación geológica: es una entidad sagrada, morada de *kami* antiguos. Un pino retorcido que resiste la nieve no es solamente un vegetal resiliente, sino un maestro silencioso de equilibrio y belleza.

Esta espiritualidad profundamente ecológica no es doctrinada. Es vivida. Desde la infancia, el japonés tradicional aprende a ver con respeto lo que crece, corre, vuela, se mueve o se transforma en el paisaje. Los gestos cotidianos reflejan esta reverencia: el modo en que se limpia un jardín, cómo se cruza un *torii* con la postura correcta, cómo se escucha el sonido de la lluvia en silencio. Todo lleva intención. Y esa intención es lo que conecta al ser humano con el mundo invisible de los *kami*.

Entre los innumerables lugares considerados sagrados, algunos destacan como verdaderos centros de poder espiritual. Montañas como Fujisan, la venerada montaña Fuji, no son solo hitos geográficos, sino puntos de intersección entre los mundos. La altitud, la forma simétrica, la presencia imponente —todo en ella invita a la reverencia—. Muchos peregrinos, al escalar el monte Fuji, no lo hacen por deporte o desafío físico, sino como un ritual de conexión. La subida es una ascensión interior, un reencuentro con el corazón de la tierra y del cielo.

Ríos como el Kamo, en Kioto, llevan siglos de ofrendas, de plegarias silenciosas, de baños rituales. Árboles centenarios, como los grandes cedros encontrados en santuarios como Toshogu o Kumano, están envueltos con cuerdas de paja de arroz, llamadas *shimenawa* —señal visible de que allí habita un *kami*—. Tales árboles no se tocan sin permiso. Sus raíces son respetadas, su espacio se mantiene limpio, y su presencia es acogida con solemnidad.

Los animales también participan de esta red de significados. El zorro (*kitsune*) es mensajero de Inari, *kami* de la fertilidad y la cosecha. Ciervos, como los que vagan libremente por el santuario de Nara, son considerados emisarios de los dioses. Grullas, carpas, serpientes, todos poseen significados espirituales que trascienden su apariencia. El respeto a los animales no es solo moral —es ritual—. Forman parte de la comunidad espiritual del mundo.

Pero no solo los grandes elementos de la naturaleza son reverenciados. El Shinto enseña a ver lo extraordinario en lo ordinario. Un bambusal que danza al viento, el musgo que crece silenciosamente entre las piedras, la flor que florece por pocos días —todo posee valor, todo expresa una lección—. Esa sensibilidad estética y espiritual se revela en la tradición del *hanami*, la contemplación de las flores de cerezo. Cuando las *sakura* brotan, hay un llamado colectivo a la contemplación de la belleza efímera. Familias se reúnen bajo los árboles, celebran, cantan, brindan, pero siempre con una nota de reverencia. La flor que dura tan poco enseña sobre la impermanencia, sobre el valor del ahora, sobre la belleza que no se aferra.

Esta conexión con la naturaleza moldea incluso el lenguaje. Términos como *mono no aware* —la melancolía dulce que nace de la conciencia de la transitoriedad— revelan un alma que se emociona ante aquello que no dura. El mundo natural, por ser inestable y perecedero, es también precioso. Y por eso mismo, profundamente sagrado.

En muchos santuarios, no hay estatuas. En vez de eso, hay una piedra, un espejo, o solo el espacio vacío rodeado de árboles. Esto no es ausencia. Es presencia refinada. El *kami* no necesita forma para existir. Se manifiesta en el sonido de la campana, en el aroma del incienso, en el brillo del agua corriente. La ausencia de imagen es una manera de decir: mira más profundo. Ve más allá de la superficie. Siente.

La contemplación de la naturaleza, en el Shinto, es más que un hábito saludable. Es una forma de oración. No hay necesidad de palabras, de súplicas. El simple acto de estar frente al mar, de escuchar a los pájaros al amanecer, de tocar la corteza áspera de un árbol milenario —todo eso es expresión de religiosidad—. Y esta espiritualidad es accesible. No exige templos monumentales, ni formación sacerdotal. Basta el corazón atento. Basta la presencia.

Esta visión moldeó también la arquitectura, los jardines, las artes. Un jardín japonés tradicional no busca dominar la naturaleza, sino dialogar con ella. Piedras son colocadas con precisión no para exhibir, sino para revelar el espíritu del lugar. Lagos artificiales se hacen con tal armonía que parecen naturales. Cada árbol es podado para florecer en su forma más auténtica. Nada es artificial —todo busca la verdad de la naturaleza—.

La ecología moderna, en su búsqueda por restaurar la conexión con la tierra, encuentra en el Shinto un modelo ancestral. El respeto al agua, a la tierra, al aire, al fuego —elementos no como recursos, sino como compañeros— resuena con fuerza en un tiempo de crisis ambiental. El Shinto nunca necesitó proclamar un discurso ecológico porque su esencia ya era ecología: una ética de la interdependencia, del cuidado y de la reverencia.

En este contexto, el practicante del Camino de los Kami no se ve como dominador del mundo, sino como parte de él. Su vida es una danza entre lo visible y lo invisible, entre el gesto cotidiano y lo sagrado profundo. Plantar, cosechar, limpiar, preparar una comida —todo esto puede ser ritual, si se hace con conciencia—. El mundo no está muerto, ni tampoco está ahí para ser explotado. Es hogar, es templo, es extensión del propio cuerpo espiritual.

Al reconocer la naturaleza como espacio sagrado y no como recurso utilitario, el Shinto invita al ser humano a repensar su presencia en el mundo. La espiritualidad que emerge del contacto con el musgo, con la brisa, con el brillo de la luna, no se construye por medio de reglas rígidas, sino que brota de una escucha sensible y de una entrega silenciosa. Esta forma de religiosidad es íntima, pero colectiva; personal, pero universal. Es en el cuidado del entorno —al no pisar flores silvestres, al limpiar una piedra cubierta de rocío, al recoger hojas caídas con levedad— que se revela el vínculo entre lo visible y lo invisible, entre el cuerpo y el espíritu. Así, el mundo natural se convierte también en un espejo interno, donde cada ser vivo refleja posibilidades de nuestro propio modo de existir.

Esta espiritualidad ecológica, que nace del encuentro entre presencia y paisaje, no anula las contradicciones ni los dolores de la existencia. Al contrario: enseña a acogerlas con serenidad. La montaña que alberga al *kami* también puede ser deslizamiento y tempestad. El mar que acuna la contemplación puede volverse tormenta. Pero incluso lo que hiere no deja de ser sagrado. En el Shinto, no se separa lo bello de lo peligroso, lo suave de lo potente —todo es manifestación de la fuerza que impregna el universo—. Es en ese reconocimiento de la totalidad que surge una ética de la humildad, donde el ser humano abandona la arrogancia del control y retorna al papel de cuidador, aprendiz, huésped de un mundo vivo.

Cada estación del año, cada ciclo de la naturaleza, pasa entonces a enseñar sobre equilibrio, impermanencia y renacimiento. Ser parte del Camino de los Kami es aceptar la invitación de la naturaleza para danzar al ritmo del cosmos. Es permitir que lo cotidiano sea atravesado por momentos de silencio y atención, donde el espíritu puede respirar con el mundo. La espiritualidad que se revela al escuchar el agua corriente o al contemplar la caída suave de una hoja no exige esfuerzo —solo presencia—. En ese estado, el mundo revela su rostro más profundo, y el ser humano reencuentra su lugar no en la cima, sino en el centro de una gran red de relaciones sagradas. Así, vivir se convierte en arte, y la naturaleza, en vez de paisaje, se torna oración.

Capítulo 4
Ritos de Pureza

El alma del Shinto reposa sobre un principio silencioso, pero inflexible: la pureza. No hay práctica, ritual o conexión verdadera con los *kami* que prescinda de ella. En el mundo sintoísta, lo sagrado no se aproxima a lo que está en desorden, a lo que se encuentra turbio, sucio o desequilibrado. La aproximación a lo divino es posible solo cuando se limpia lo que está oscurecido. Y esta limpieza no se restringe a lo físico. Se extiende a la energía, a la mente, al espíritu. Lo que se busca es un estado de claridad, de levedad, de receptividad. Estar puro es estar afinado con la vibración de los dioses.

Pero es preciso comprender lo que el Shinto llama impureza — *kegare* — para entender el valor de la pureza — *kiyome*. A diferencia de las concepciones religiosas occidentales, donde el mal moral se asocia frecuentemente al pecado, al error voluntario o a la violación de mandamientos, en el Shinto la impureza no conlleva necesariamente culpa o condena. Puede ser consecuencia natural de la vida. El nacimiento, la muerte, la sangre, la enfermedad, el luto —todos estos estados generan *kegare*—. No por ser malos, sino por romper el equilibrio sutil entre el mundo visible y el invisible.

La impureza es como una niebla que se acumula y aleja a los *kami*. Ellos no odian lo impuro. Solo se retraen ante ello. Por eso, la vida espiritual exige constante renovación. La pureza es un proceso, no un estado fijo. Se alcanza y se pierde, y debe ser restaurada con constancia, así como se lava el cuerpo cada día. La suciedad espiritual es inevitable, pero también es fácilmente lavada, si hay intención y disciplina.

Entre las prácticas más emblemáticas del Shinto está el *misogi*, el rito de purificación con agua. Su simbolismo es ancestral: el agua, por su fluidez y capacidad de arrastre, se lleva las impurezas del cuerpo y del alma. El practicante se baña en ríos, cascadas o incluso con cubos de agua fría, en un gesto que es al mismo tiempo físico y espiritual. El cuerpo se tensa con el frío, el corazón se concentra, la mente silencia. No hay espacio para distracciones. Cada gota que escurre es una ofrenda a la armonía que se desea restaurar.

El *misogi* no exige grandes ceremonias. Puede hacerse solo, en silencio, con respeto. Algunos grupos realizan rituales más intensos, con cánticos, respiración rítmica, palmas acompasadas que despiertan el espíritu y preparan el cuerpo para la inmersión. La experiencia es siempre profunda. El dolor del frío cede lugar a una claridad inusitada. El espíritu despierta. El alma se abre.

Otro rito esencial es el *harae*, realizado por sacerdotes con la ayuda de objetos simbólicos, como el *ōnusa* (un bastón con tiras de papel blanco, llamado *shide*, colgando de sus extremos). El sacerdote agita el bastón sobre una persona, un objeto o un lugar, disipando la impureza acumulada. Este movimiento se acompaña de palabras sagradas — *norito* — que invocan a los *kami* de la purificación y piden que la armonía sea restaurada. El *harae* puede hacerse en casas, coches, nuevas construcciones, herramientas de trabajo. Todo lo que entra en contacto con la vida puede, y debe, ser purificado.

En las grandes ceremonias, como los festivales estacionales o los ritos de paso, el *harae* es parte indispensable de la preparación. Antecede a los gestos sagrados, garantizando que el ambiente espiritual esté limpio y listo para recibir a las divinidades. El santuario debe estar limpio, los sacerdotes deben estar limpos, los participantes también. No se trata solo de higiene física —se trata de una frecuencia energética que debe mantenerse elevada, suave, transparente—.

Pero hay también una pureza más sutil: la pureza de la actitud, de la mente, de la intención. Vivir con *kokoro tadashiku* —un corazón correcto— es una forma de mantener el alma pura. Evitar resentimientos, actuar con honestidad, respetar al otro, agradecer por las bendiciones recibidas —todo esto son formas de purificación continua—. La rabia, la envidia, la arrogancia, aunque no se manifiesten en actos, oscurecen el espíritu. El camino del Shinto exige vigilancia interna. No para generar culpa, sino para mantener cercana la presencia de los *kami*.

El ambiente también es un reflejo de la pureza interior. Un espacio limpio, organizado, bello —aunque sea sencillo— es más que un reflejo de estética. Es una invitación a lo sagrado. Por eso, limpiar la casa es también un acto religioso. Se barre el suelo como quien barre el alma. Se ordena una habitación como quien prepara un altar. La espiritualidad no se vive solo en el templo, sino en cada gesto hecho con conciencia.

En los santuarios, el cuidado con la limpieza es visible y constante. Las piedras de los caminos se lavan, las hojas caídas se recogen, la madera se pule, los objetos se reemplazan regularmente. No se deja acumular el polvo del tiempo. Lo que se busca es la frescura del instante presente. Los *kami* no habitan lo viejo y polvoriento —se mueven donde hay vitalidad y renovación—.

Incluso en el vestir, el Shinto cultiva la pureza. Los sacerdotes usan trajes blancos, símbolo de la limpieza y de la luz. El blanco no es color de ausencia, sino de plenitud. Es el espejo que refleja todos los tonos, el paño que no esconde, el espacio abierto para la presencia divina. Vestirse de blanco en un ritual es vestirse de cielo.

La alimentación, aunque no codificada con prohibiciones rígidas, también conlleva implicaciones espirituales. Comer con atención, agradecer antes y después de la comida, evitar excesos, respetar el alimento como ofrenda de la naturaleza —todo esto mantiene el cuerpo ligero y el espíritu atento—. El alimento es energía. Aquello que entra en el cuerpo se convierte en parte del alma. Y por eso, se debe comer como quien realiza un rito.

En los ritos de paso, como en las ceremonias de nacimiento, matrimonio o llegada de la edad adulta, la purificación es el primer paso. No se atraviesa un umbral sin antes lavar los residuos del ciclo anterior. La nueva etapa exige nueva energía. El bebé es purificado para entrar en este mundo con bendición. La pareja es purificada para unir sus almas en armonía. El joven es purificado para caminar como adulto. La vida, en el Shinto, está hecha de ciclos, y cada ciclo se reinicia con la limpieza del anterior.

La pureza no es una meta. Es un proceso constante. Una práctica diaria. Un modo de vivir. Y en ese vivir, el devoto se acerca a los *kami* no porque desee favores o recompensas, sino porque desea vivir en consonancia con el orden invisible del mundo. El Shinto no crea un tribunal moral —crea un campo vibracional—. Y en este campo, solo lo que es claro, ligero y sincero resuena.

La práctica de la pureza no exige aislamiento. Al contrario, se fortalece en la convivencia. La armonía con los otros, el respeto mutuo, el cuidado del espacio común —todo esto son formas de mantener la atmósfera limpia—. La pureza não é introspecção egoísta —es apertura al otro, al ambiente, a lo sagrado—.

Por eso, cuando alguien se acerca a un santuario, no lo hace como quien entra en un edificio cualquiera. Pasa primero por el *temizuya*, la fuente de agua donde se lavan las manos y se enjuaga la boca. Es un gesto simple, pero profundamente simbólico. Las manos, que tocan el mundo, necesitan estar limpias. La boca, que pronuncia palabras, necesita estar fresca. El cuerpo y el espíritu deben estar en sintonía con el lugar sagrado.

Solo entonces, el devoto cruza el *torii* y camina hacia el *honden*, el corazón del santuario.

La travesía por el *torii*, tras la purificación, no es solo un desplazamiento físico —es un cambio de estado—. Al traspasar ese portal, el devoto ingresa en una dimensión donde el tiempo desacelera, la atención se agudiza y el corazón se aquieta. Cada paso hacia el *honden* es un gesto de escucha, de reverencia silenciosa. No hay necesidad de palabras largas ni de promesas. Lo que se ofrece es la presencia limpia, el cuerpo preparado, el espíritu dispuesto a sentir. El caminar se convierte en oración, y el silencio entre los gestos adquiere densidad espiritual. La pureza, en ese momento, no es solo preparación —es comunión—.

El Shinto enseña que esta comunión no se agota en los límites del santuario. Al regresar a casa, el practicante lleva consigo la vibración del espacio sagrado, como quien lleva una brisa en el tejido de la ropa o un perfume leve en el cabello. El hogar puede ser continuación del santuario, la calle puede ser extensión del camino sagrado. Si el mundo está habitado por *kami*, entonces todo puede ser lugar de purificación. Un baño simple al final del día, una limpieza hecha con calma, una conversación donde se evita el rencor —todo esto son actos que restauran la claridad interna. Vivir con pureza es vivir de forma despierta, con ojos que reconocen la delicadeza del instante.

La pureza, por lo tanto, no es un ideal inalcanzable, ni una exigencia rígida. Es una escucha continua a lo que vibra en nosotros y a nuestro alrededor. Una atención que no juzga, sino que percibe.

Una práctica que no excluye, sino que acoge. En el Camino de los Kami, ser puro no es ser perfecto —es estar dispuesto a recomenzar, a lavar las heridas, a soplar el polvo de los días—. Y es en ese movimiento delicado de restauración diaria que el espíritu se mantiene vivo, y la presencia de los dioses se hace cercana. La pureza es el puente entre lo humano y lo invisible —y mientras haya quien la cultive, el mundo seguirá siendo sagrado—.

Capítulo 5
Espacios Sagrados

Hay lugares donde el tiempo desacelera. Donde el sonido de los pasos parece más nítido, el viento sopla con un significado que trasciende lo físico, y el corazón se aquieta incluso antes de comprender por qué. Tales lugares no surgen por acaso. Son preparados, guardados, honrados. Son los santuarios sintoístas —conocidos como *jinja*—, espacios donde lo visible se inclina ante lo invisible y donde la presencia de los *kami* se revela a través de la forma, la armonía y el silencio.

Cada *jinja* es más que una construcción. Es un campo espiritual moldeado con exactitud para acoger a las divinidades. Su estructura, aunque física, es la materialización de una atmósfera invisible que ya existía antes de la madera, la piedra, el metal. El santuario nace primero en el espíritu y después en la materia. Y por eso, la elección del lugar no es aleatoria. Muchos santuarios fueron erigidos a los pies de montañas sagradas, en claros de bosques antiguos, a la orilla de ríos que cantan con fuerza ancestral. El lugar es reconocido antes de ser delimitado. La naturaleza susurra su sacralidad, y el ser humano solo escucha y marca.

La entrada de un santuario está marcada por un elemento inconfundible: el *torii*. Esta estructura simple, compuesta por dos pilares verticales y dos travesaños horizontales, no es una puerta en el sentido funcional. No protege con muros, no impide el paso físico. El *torii* es un hito simbólico. Separa el mundo cotidiano del espacio sagrado. Cruzarlo es un gesto de transición —de lo profano a lo sagrado, del ruido al silencio, de la dispersión a la presencia—. Y por eso, no se cruza el *torii* de cualquier manera. Se camina por el lado, evitando el centro, que pertenece a los dioses. Se inclina levemente la cabeza. Se siente el cambio.

Tras el *torii*, el visitante se encuentra, casi siempre, con el *temizuya*, la fuente de purificación. En ella reposan cucharones de bambú o madera, dispuestos con cuidado. Con ellos, el devoto lava las manos —primero la izquierda, después la derecha— y, por último, enjuaga la boca. No se trata de un ritual higiénico, sino de un acto simbólico profundo. El cuerpo se prepara para el encuentro. Las manos, que realizan acciones; la boca, que profiere palabras. Todo debe estar limpio, calmado, fresco. El agua corre y, con ella, se lleva la distracción, el peso, la inquietud.

El camino hasta el salón principal del santuario —el *honden*— está siempre marcado por una atmósfera de sobriedad y respeto. Muchas veces flanqueado por faroles de piedra, por árboles antiguos, por pequeños altares secundarios dedicados a otros *kami*. Nada es excesivo. La belleza es contenida, sutil, fluida. Y es precisamente en esa ausencia de ostentación donde reside su grandeza. El santuario no necesita impresionar. Necesita acoger.

Al acercarse al *honden*, el devoto encuentra el *haiden*, el salón de oraciones. Es allí donde se hace la reverencia, allí donde se dan las palmadas, donde se inclina la cabeza, donde se ofrece la plegaria silenciosa. No se entra en el *honden* —está reservado a los sacerdotes, a los ritos internos, a la morada del *kami*—. El devoto permanece a la entrada, como quien reconoce su lugar con humildad y respeto. La proximidad con lo sagrado no exige penetración total, sino sintonía. Y esa sintonía se manifiesta en el gesto, en la postura, en el corazón sincero.

El *honden*, aunque inaccesible a la mirada directa, alberga en su interior el objeto sagrado que representa al *kami*: puede ser un espejo, una espada, una piedra, o incluso nada visible. Lo que importa no es el objeto, sino la presencia que invoca. El espejo, especialmente, es frecuente. No por casualidad. Refleja sin juzgar, sin distorsionar. Mirar un espejo es mirarse a sí mismo —y percibir que lo sagrado comienza en la propia alma—.

La arquitectura del santuario sintoísta sigue estilos tradicionales que se remontan a los primeros tiempos. Estilos como el *shinmei-zukuri*, el *nagare-zukuri* y el *taisha-zukuri* definen formas y proporciones que armonizan la construcción con el ambiente. El uso de la madera natural, de los techos curvos cubiertos con corteza de ciprés, de los ensambles precisos sin clavos —todo refleja una integración con la naturaleza, un rechazo a la artificialidad—. El templo no se impone sobre el ambiente —se encaja en él—. Y esa armonía constructiva es extensión de la armonía espiritual.

El ambiente del santuario se mantiene con celo. Caminos son barridos con regularidad. Las hojas se recogen, pero nunca de forma agresiva. Los árboles son cuidados, no podados de modo arbitrario. Las piedras se lavan. El musgo, muchas veces, se preserva. Cada detalle porta la presencia de los *kami*. Nada es mero escenario. Todo es parte del espíritu del lugar. Incluso los sonidos —el tintineo de campanas, el eco de las palmas, el murmullo del agua— son considerados voces de lo sagrado.

Además de ser lugares de adoración individual, los santuarios cumplen también una función social esencial. Son el corazón espiritual de las comunidades. Festivales, bodas, celebraciones estacionales, bendiciones de niños, inauguraciones —todo pasa por el *jinja*—. Es allí donde el pueblo se reúne, donde la identidad local se fortalece, donde el vínculo entre el pasado y el presente se reactiva. El *kami* protector de la aldea, de la ciudad, del barrio —el *ujigami*— es honrado allí, y su presencia garantiza protección, fertilidad, paz.

Los niños, desde pequeños, son llevados al santuario. En el nacimiento, en el paso de los tres, cinco y siete años (*Shichi-Go-San*), en los primeros días del año nuevo. Aprenden, no por imposición, sino por inmersión. El santuario es parte de la vida. Los jóvenes, los ancianos, los recién casados —todos mantienen con el *jinja* una relación viva, afectiva. No es un templo distante, sino un centro de energía espiritual de la colectividad.

Visitar un santuario no es turismo. Es gesto espiritual. Aunque el visitante sea extranjero, aunque no conozca los ritos en detalle, si hay respeto, el *kami* lo percibe. Lo importante es la intención. Cruzar el *torii* con reverencia. Purificarse con sinceridad. Hacer la plegaria con el corazón presente. No es preciso entender todo —es preciso sentir—. Y esa sensibilidad es lo que abre el camino hacia la presencia divina.

Estos espacios sagrados, por lo tanto, no se imponen por la grandiosidad, sino que tocan lo íntimo por la delicadeza con que acogen lo invisible. Es en la simplicidad de la madera envejecida, en la geometría silenciosa de las líneas, en la frescura de la sombra bajo los árboles que se revela la verdadera dimensión de lo sagrado. El *jinja* no pretende ser un palacio para dioses distantes, sino un hogar de paso, donde la divinidad y lo humano se cruzan en un instante de armonía.

Todo allí invita a la quietud —una quietud que no es ausencia, sino presencia ampliada—. Cada detalle es una invitación a la escucha: del sonido de los propios pasos, del susurro de las hojas, de lo que el corazón, desacelerado, finalmente puede oír.

Esa escucha se profundiza aún más durante los *matsuri*, los festivales sintoístas, cuando el santuario pulsa como el corazón de la comunidad. En esas celebraciones, los *kami* dejan simbólicamente el *honden* y son conducidos en procesiones, en *mikoshi* (santuarios portátiles), por las calles de la ciudad. Es la divinidad que sale al encuentro del pueblo, y el pueblo que retribuye con música, danza, ofrendas, alegría. No hay contradicción entre el recogimiento del silencio y el clamor de la fiesta —ambos son modos legítimos de honrar lo sagrado—. El espacio sagrado, entonces, se expande, desbordando los límites del templo para abarcar toda la villa, toda la vida. En esos momentos, lo cotidiano es purificado por la celebración, y la memoria colectiva es reanimada como fuego renovado.

Al final, el *jinja* permanece como un vínculo tangible entre mundos, un puente construido con reverencia, belleza y humildad. Nos recuerda que lo sagrado no necesita ser buscado en las alturas, sino cuidado en el suelo que pisamos, en los gestos que repetimos con alma despierta. Cada visita a un santuario es un retorno a ese lugar donde el tiempo se dobla, donde la presencia es más densa, donde hasta el aire parece orar. Y cuando se cruza nuevamente el *torii* de salida, algo ha cambiado. El mundo allá fuera es el mismo —pero quien lo habita, ahora, lleva un poco más de silencio en el pecho y de luz en los ojos—.

Capítulo 6
Ofrendas y Plegarias

El universo escucha. Incluso en silencio, cada vibración emitida por un corazón sincero alcanza a los *kami*. En el Shinto, no hay intermediarios necesarios entre el ser humano y lo sagrado. Hay, sí, ritos, formas, gestos —pero ninguno de ellos posee valor sin lo que está en el centro de todo: la pureza del sentimiento, la intención verdadera, el *magokoro*. Ofrendas y plegarias no son monedas de cambio. Son expresiones de gratitud, reconocimiento, reverencia. Son modos de decir: "Estoy aquí. Veo. Honro."

Las ofrendas, o *shinsen*, son diversas. Pueden ser arroz blanco, representando el sustento esencial dado por la tierra. Pueden ser sal, símbolo de purificación y energía vital. Agua fresca, por su fluidez y fuerza purificadora. Sake, como celebración de la vida. Ramas de *sakaki*, el árbol sagrado cuyas hojas firmes y verdes nunca caen. Pero sobre todo, las palabras sinceras —la oración hecha con el corazón— son la ofrenda más preciosa.

El acto de ofrendar no sigue un modelo rígido. Hay una estructura tradicional, pero dentro de ella vive una libertad que permite la expresión auténtica de cada practicante. El gesto de colocar un puñado de arroz, encender una vela, verter algunas gotas de sake, doblar un papel con cuidado y depositarlo con respeto —todo eso es ritual—. Todo eso es comunicación. Y es así como se construye el vínculo entre lo humano y el *kami*.

Cuando un devoto se aproxima a un santuario, lleva consigo no solo deseos o esperanzas. Trae también su historia, sus sentimientos, sus vínculos. El santuario acoge todo. El espacio está preparado para ello. Al llegar ante el *haiden*, el salón de oración, el fiel realiza un gesto ancestral: arroja una pequeña cantidad de moneda en la caja de ofrendas, toca la campana —si la hay—, hace una reverencia profunda, da dos palmadas, junta las manos y permanece en silencio. A continuación, se inclina nuevamente. Este gesto es conocido y respetado en todo Japón. No es necesario explicar —es comprendido por el corazón—.

Las dos palmadas son más que aplauso. Despiertan al *kami*, armonizan los mundos, alinean la presencia del humano con la vibración divina. Es una palmada que rompe la dispersión, que concentra el espíritu. Las palmas resuenan como el sonido del alma llamando a lo invisible. La reverencia inicial y la reverencia final delimitan el momento sagrado. La oración, hecha en silencio, puede contener peticiones, agradecimientos, promesas. Puede ser larga o breve. Pero debe siempre nacer de un estado interior auténtico. No hay fórmulas obligatorias. La plegaria más poderosa en el Shinto es aquella que fluye naturalmente, sin necesidad de palabras.

Aun así, existen oraciones formales —los *norito*— recitadas en ocasiones especiales por sacerdotes. Los *norito* son textos arcaicos, escritos en japonés clásico, que reverencian a los *kami*, narran los méritos de los devotos, piden bendiciones y expresan gratitud. Son entonados con ritmo, entonación y solemnidad. Cada sílaba es pronunciada con respeto. El *norito* no se recita —se ofrece—. Y en ese ofrecimiento, porta el alma de la ceremonia. Los *norito*, a diferencia de rezos repetidos mecánicamente, no tienen objetivo de control. No buscan doblegar lo divino a la voluntad humana. Narran, cuentan, comparten. Son como cartas ceremoniales. En el centro de ellas está siempre el reconocimiento: del lugar del humano, de la generosidad de los dioses, de la belleza del mundo. Pedir viene después. Primero, se reconoce.

Además de las palabras, hay también formas simbólicas de ofrenda. Los *tamagushi*, ramas de *sakaki* decoradas con tiras de papel blanco, se entregan en muchas ceremonias. El gesto de ofrecerlos sigue un ritual preciso: la rama se sujeta con ambas manos, se gira lentamente, se eleva al nivel del rostro, y se deposita ante el altar. Cada movimiento está cargado de significado. No hay prisa. El tiempo del *kami* es diferente. Y el devoto, al ofrendar, debe abandonar sus urgencias.

En muchas casas, incluso lejos de santuarios, hay pequeños altares domésticos —los *kamidana*— donde también se realizan ofrendas diarias. Agua fresca al amanecer. Arroz recién cocido. Ramitas verdes. Palabras de agradecimiento. Silencios respetuosos. Esta práctica cotidiana es una extensión del santuario. El hogar se convierte también en espacio sagrado. Lo cotidiano, entonces, es vivenciado con otra mirada. Cada comida es un regalo. Cada mañana, una bendición. El *kami* está allí, no en lo alto, sino al lado.

Durante festivales o momentos de dificultad, los devotos escriben sus deseos en pequeñas placas de madera llamadas *ema*, decoradas con imágenes y símbolos. Estas placas se cuelgan en estructuras cercanas al santuario. Al leer las peticiones, se encuentra la esencia del espíritu humano: salud, paz, protección, éxito, armonía. Pero también hay gratitud. Muchas *ema* son mensajes de agradecimiento por deseos cumplidos, por curaciones, por reencuentros. Los *kami* no son solo fuentes de poder. Son compañeros invisibles que caminan al lado de los que viven con sinceridad.

A lo largo del año, hay también rituales colectivos de ofrenda. Grandes mesas se montan ante los altares con arroz, frutas, pescados, legumbres, dulces. Todo fresco, bello, dispuesto con armonía. No se trata de alimentar a los dioses —no se nutren como humanos—. Sino de expresar, por medio de la abundancia y el cuidado, el respeto por todo lo que se ha recibido. La ofrenda es también devolución. Lo que viene de la tierra retorna a la tierra. Lo que es don, es compartido.

Ofrendas y plegarias, así, no son acciones aisladas. Forman parte de una ética sagrada. Enseñan a agradecer antes de pedir. A reconocer antes de desear. A aquietar antes de actuar. El Shinto no se preocupa por el contenido específico de la fe, sino por la postura con que se vive. El gesto de ofrendar, por más simple que sea, si se realiza con *magokoro*, es completo. El gesto sin sinceridad, por más elaborado, permanece vacío.

Por eso, en los santuarios, incluso los sacerdotes se inclinan con humildad. No se colocan como superiores a los devotos, sino como servidores de los *kami*. Su papel es velar por los ritos, cuidar los espacios, mantener el puente abierto. Recitan, preparan, limpian, enseñan. Pero el vínculo con el *kami* es de cada uno. No hay intercesión. Hay comunión.

Ante todo esto, queda claro que la espiritualidad sintoísta no exige grandes demostraciones. Exige verdad. Una vela encendida con atención. Una rama depositada con respeto. Un susurro agradecido al atardecer. Todo eso es culto. Todo eso es ofrenda. Y cuando el corazón está pleno, el *kami* oye. No con oídos, sino con presencia. Y en ese encuentro invisible entre lo humano y lo divino, el mundo entero se armoniza.

La práctica sintoísta revela, en su esencia, una delicada pedagogía de lo sagrado que educa la mirada hacia la belleza de las pequeñas cosas. Más que seguir preceptos, es un ejercicio diario de percepción —percibir la sacralidad que se insinúa en el vapor del arroz recién cocido, en el brillo del agua fresca ofrecida, en el silencio que antecede a la oración—. Esta educación interior transforma no solo el acto religioso, sino el propio modo de estar en el mundo. La ofrenda, en este contexto, no es un rito separado de la vida, sino la vida transfigurada en rito. Es cuando la existencia cotidiana se eleva a la dimensión del misterio y se convierte en lenguaje comprensible por los *kami*.

Esta espiritualidad silenciosa y atenta enseña, también, sobre el valor de la presencia. En el tiempo de los *kami*, todo sucede despacio. El gesto necesita pausa, el pensamiento necesita claridad, el corazón necesita verdad. Esa lentitud sagrada se opone a la prisa del mundo moderno y, en ese contraste, ofrece cura. Cada plegaria, cada rama ofrecida, cada *ema* colgada en los santuarios revela una forma de desacelerar y de reencontrar el centro. Al reconocer la sacralidad en aquello que es sencillo, el fiel transforma el espacio a su alrededor y, más aún, a sí mismo. Es ese reconocimiento lo que convierte cada ofrenda en un acto de comunión, no de separación —un gesto de reconexión con la naturaleza, con los otros y con lo que es invisible—. Al final, permanece la imagen de un mundo en que lo sagrado no necesita ser invocado por grandes palabras, sino apenas despertado por un gesto verdadero. Es en lo cotidiano reverente, en la simplicidad del ritual vivido con conciencia, que se manifiesta el encuentro con los *kami*. El Shinto nos invita a esa escucha: a vivir con un corazón que percibe, manos que agradecen y un espíritu que reconoce. Pues donde haya *magokoro*, incluso el silencio se convertirá en oración, y hasta el más leve soplo de viento podrá llevar una ofrenda.

Capítulo 7
Festivales Estacionales

Hay momentos en que el tiempo no pasa —gira—. La rueda de las estaciones, con sus colores, sonidos y aromas, marca más que cambios climáticos: es el ritmo de la propia vida. En el Shinto, este giro no es ignorado, ni tampoco enfrentado —es celebrado—. Y cada ciclo que se completa es una invitación a la renovación espiritual. Los *matsuri*, los festivales estacionales, son la expresión viva de esta comunión con el ritmo natural del mundo y con la presencia constante de los *kami*. No son solo eventos folclóricos o manifestaciones culturales —son rituales sagrados que reafirman la conexión entre el cielo, la tierra y la comunidad—.

Los festivales nacen de la tierra y del tiempo. Cada estación lleva una vibración propia, un espíritu distinto, y los *matsuri* son su lenguaje ceremonial. El invierno invita a la introspección y al recogimiento; la primavera, a la renovación y al florecimiento; el verano, a la plenitud y a la vitalidad; el otoño, a la cosecha y a la gratitud. Y los dioses, como parte activa de estos ciclos, son llamados a participar de la celebración, a bendecir los campos, las familias, los hogares y los corazones.

El más celebrado de todos los festivales es el *Shōgatsu*, el Año Nuevo japonés. Más que un cambio cronológico, es una transición energética. Los días que anteceden al *Shōgatsu* se dedican a la purificación de los hogares, al pago de deudas, a la reconciliación con parientes y amigos. Todo debe ser renovado, pues el *kami* del año —el *Toshigami*— viene a visitar cada hogar. Las puertas se adornan con *shimenawa*, cuerdas de paja de arroz que alejan el *kegare*, y los portales con *kadomatsu*, arreglos de pino y bambú que reciben al espíritu visitante.

La primera visita del año a un santuario —el *hatsumōde*— es un gesto colectivo de oración y esperanza. Millones de personas se desplazan, enfrentan el frío, esperan largas horas en silencio para hacer su ofrenda, dar las palmadas y expresar gratitud. Es un nuevo ciclo que se inicia, y el primer gesto debe ser el de la reverencia.

Al final del invierno, se celebra el *Setsubun*, el ritual de transición a la primavera. En este día, las impurezas acumuladas deben ser expulsadas del hogar y del espíritu. Es el momento de gritar: "*Oni wa soto! Fuku wa uchi!*" —"¡Demonios fuera! ¡Suerte adentro!"— mientras se arroja soja tostada fuera de la casa. Este gesto, aparentemente simple, lleva una fuerza simbólica intensa. Los "demonios" representan todo aquello que oscurece el alma: rencores, miedos, resentimientos, enfermedades. Expulsarlos es más que un teatro. Es un acto de coraje espiritual. En templos y santuarios, sacerdotes e invitados especiales realizan el mismo gesto a mayor escala, con multitudes reunidas para compartir la purificación colectiva.

La llegada de la primavera está marcada por festivales de flores, como el *Hanami*, donde la contemplación de los cerezos en flor se convierte en un rito nacional. Familias se reúnen bajo los árboles, hacen picnics, comparten historias, cantan. Pero hay algo más sutil sucediendo: bajo las flores que pronto caerán, el pueblo se reconcilia con la efimeridad. La belleza que dura poco se vuelve preciosa. Y así, la espiritualidad sintoísta —que ve lo divino en lo transitorio— se manifiesta en la alegría de los encuentros, en la reverencia a la naturaleza, en el silencio entre una risa y otra.

El verano trae los *matsuri* más vibrantes. Las calles se llenan de color, música y movimiento. Se encienden farolillos, se montan puestos de comida, y los *mikoshi* —pequeños santuarios portátiles— son cargados por grupos de hombres y mujeres vestidos con ropas ceremoniales. El *mikoshi* no es una simple réplica. Lleva el espíritu del *kami* del santuario, que sale en procesión por las calles para visitar a la comunidad, bendecir las casas, renovar los vínculos. El sonido de los tambores, los gritos rítmicos de los portadores, el calor del verano —todo se funde en una danza cósmica—. El *kami*, en ese momento, no está solo en el altar —camina entre el pueblo, participa de la fiesta, observa los rostros y recibe el entusiasmo como ofrenda—.

Entre los muchos festivales de verano, destaca el *Tanabata*, inspirado en la leyenda de dos estrellas amantes separadas por la Vía Láctea, que se encuentran solo una vez al año. Durante el *Tanabata*, niños y adultos escriben deseos en tiras coloridas de papel, que se cuelgan en ramas de bambú. Estos deseos no son solo esperanzas individuales —son expresiones del espíritu colectivo, voces que suben a los cielos como plegarias multicolores—. El bambú, con su flexibilidad y fuerza, sostiene lo invisible. Y el viento que pasa entre los papeles es oído por los dioses.

El otoño es la estación de la cosecha, y con ella llegan los festivales de las dádivas. El más simbólico es el *Niiname-sai*, celebrado por el emperador en agradecimiento por la nueva cosecha de arroz. El arroz, en Japón, es más que alimento —es ofrenda, energía, vida—. Cultivarlo es un acto espiritual. Cosecharlo, una bendición. Compartirlo, una celebración. En el *Niinamesai*, el emperador ofrece el arroz recién cosechado a los dioses, con vestimentas ceremoniales y gestos contenidos, en un rito que une el corazón del pueblo a la tierra y al cielo.

En las comunidades rurales, los festivales de la cosecha se viven con intensidad. Se llevan ofrendas a los santuarios locales. Niños participan con danzas tradicionales. Máscaras de león, muñecos, música folclórica —todo se une en una expresión de alegría y reverencia—. No hay separación entre lo espiritual y lo cotidiano. El agricultor que planta y cosecha también reza y agradece. El alimento, antes de ser consumido, es devuelto simbólicamente a los *kami* que lo posibilitaron.

Los *matsuri*, aunque tengan formas diversas, comparten un espíritu común: celebrar la vida en todas sus fases. No son solo memoria cultural —son prácticas espirituales vivas—. La alegría no es vista como dispersión, sino como presencia intensa. Danzar, cantar, comer, vestirse con cuidado —todo eso es ofrenda—. Y por eso, en los festivales sintoístas, la belleza se cultiva. Las ropas son especiales. Los cabellos se arreglan. Los movimientos siguen patrones ancestrales. El cuerpo se convierte en instrumento de lo sagrado.

Al participar en un festival, el devoto no solo honra al *kami* —se reconecta con su propia esencia—. Se recuerda que forma parte de una comunidad, de un paisaje, de un ciclo eterno de transformación. El espíritu colectivo que se forma en los *matsuri* refuerza el sentimiento de pertenencia, de unión, de armonía. E incluso aquellos que llegan como visitantes, si tienen el corazón abierto, sienten ese campo. Son acogidos no por doctrinas, sino por gestos. Y en esos gestos, encuentran una invitación: vivir con más presencia, con más reverencia, con más alegría.

En medio del esplendor de los *matsuri*, se revela una de las lecciones más profundas de la espiritualidad sintoísta: la sacralidad no está solo en los momentos de silencio y contemplación, sino también en la vibración de la vida en su plenitud. Cuando los *kami* descienden para caminar entre los devotos, no hay separación entre lo divino y lo humano —hay fusión—. La danza de los cuerpos, el brillo de los farolillos, el calor de la multitud son expresiones del mismo impulso que mueve la naturaleza en sus estaciones. Participar en un festival es participar del propio flujo de la existencia, donde cada golpe de tambor es un llamado a la conciencia, y cada deseo colgado al viento, un puente entre mundos.

Esta presencia cíclica de los *matsuri* también enseña que el tiempo no es un río que corre en línea recta, sino un campo vivo donde todo retorna con otra forma, otro color, otro sabor. Los festivales no son repeticiones —son renacimientos—. La misma ofrenda gana nuevo significado a cada estación, pues el corazón que la entrega ya no es el mismo. Hay una maduración silenciosa que sucede cuando se vive el tiempo con reverencia: se aprende a acoger el frío y el calor, la flor y la hoja caída, el inicio y el fin. Y así, la espiritualidad que emerge de los festivales no está hecha solo de fe, sino de aprendizaje profundo con el propio ritmo de la vida.

Al final, lo que permanece no es solo el recuerdo de los colores o de los cánticos, sino el sentimiento de haber tocado algo más grande que uno mismo. En los *matsuri*, el humano se percibe parte de una red invisible que une la tierra, el cielo y los corazones. Esta percepción transforma: despierta el cuidado, fortalece el vínculo con la comunidad y reaviva la chispa interior que busca sentido. Y cuando el festival termina, el *kami* retorna al santuario, pero algo de él permanece —en el silencio de la casa, en la firmeza de los gestos cotidianos, en la mirada renovada que aprende a ver, en cada estación, una nueva oportunidad de celebrar la vida—.

Capítulo 8
Dioses Protectores

En el universo del Shinto, no hay un trono único donde repose una divinidad central y absoluta. No hay un dios supremo, distante, inmutable. Hay, por el contrario, una miríada de presencias. Espíritus, fuerzas, conciencias —los *kami*— que habitan el mundo, se manifiestan en sus infinitas formas y comparten con los humanos una existencia dinámica. Los dioses protectores del Shinto no son figuras abstractas o arquetipos intocables. Son cercanos. Presentes. Actúan en comunidades, en familias, en árboles, en oficios, en emociones. El mundo, a los ojos de quien camina con reverencia, está habitado por miles de *kami*.

Dentro de esta vasta constelación espiritual, los *ujigami* ocupan un lugar especial. Son los *kami* protectores de clanes, aldeas, barrios o ciudades enteras. Cada comunidad tradicional posee el suyo. No es solo un símbolo —es un miembro de la comunidad—. A él se dirigen oraciones en tiempos de enfermedad, de sequía, de cosecha, de celebración. Su presencia no es decorativa, sino operativa. El *ujigami* es quien protege, quien observa, quien responde. Y cada santuario dedicado a él se convierte en el corazón espiritual de aquel pueblo. En esos lugares, los festivales estacionales, los ritos de paso y las celebraciones colectivas no son solo eventos religiosos —son reencuentros con el guardián invisible que comparte el destino común—.

Además de los *ujigami*, existen *kami* asociados a aspectos específicos de la vida humana. Son dioses que no solo representan ideas, sino que actúan en esferas concretas. Inari Ōkami, por ejemplo, es uno de los más populares y multifacéticos. Su imagen está asociada al arroz, a la fertilidad, a la agricultura, a los negocios y a la prosperidad. Los santuarios dedicados a Inari son fácilmente reconocibles por las hileras de *torii* rojos que se multiplican como un túnel llameante entre los mundos. Sus mensajeras son las zorras blancas — *kitsune* — que aparecen en parejas en las entradas de los santuarios, a menudo con llaves de arroz en los dientes. Inari es invocado por agricultores, comerciantes, estudiantes, y por todos los que desean prosperar en sus empresas. Pero más que traer fortuna, enseña a respetar el ciclo de la cosecha, a compartir los frutos, a agradecer siempre.

Otro *kami* de gran devoción es Hachiman, el dios de la guerra, pero no en el sentido bélico occidental. Hachiman protege a guerreros, sí, pero también a comunidades, pescadores, y principalmente la paz. Es el guardián de la nación y el espíritu ancestral del emperador Ōjin, deificado tras su muerte. Sus santuarios se extienden por Japón, y su presencia se asocia a la fuerza, la protección y la lealtad. Hachiman no es un dios distante, sino un espíritu que responde a la necesidad del momento, ya sea en la batalla, en la travesía del mar, o en la protección de un niño enfermo.

Tenjin, por su parte, es el *kami* de los estudios y las artes. Su nombre humano era Sugawara no Michizane, un erudito y poeta del período Heian que, injustamente exiliado, murió con el corazón herido. Tras su muerte, eventos sobrenaturales asustaron a la capital, y fue reconocido como *kami* y honrado con templos para aplacar su ira y restaurar la armonía. Hoy, Tenjin es reverenciado por estudiantes de todas las edades. En la época de los exámenes, sus santuarios se llenan de jóvenes con cuadernos en las manos, depositando *ema* con plegarias, pidiendo concentración, suerte y sabiduría. Es un dios que conoce el dolor de la injusticia, pero que ofrece luz a aquellos que buscan el conocimiento con sinceridad.

Otros *kami* están asociados a la salud, la maternidad, la longevidad, la fertilidad, el arte. Konohanasakuya-hime, diosa de las flores y los volcanes, es invocada por mujeres embarazadas. Sarutahiko Ōkami, con su rostro largo y fuerza robusta, es un dios de caminos y encuentros, protector de los viajeros y de las decisiones difíciles. Ame-no-Uzume, diosa de la danza y la risa, es celebrada como aquella que despertó la luz del mundo y continúa alegrando las almas con su irreverencia sagrada. Y hay muchos otros, con nombres olvidados y funciones silenciosas, que habitan pequeños altares, bosques escondidos, hogares humildes. Ninguno es menor. Todos tienen su fuerza y su rostro único.

La relación con los dioses protectores se construye mediante la práctica y la intimidad. El devoto no solo conoce los nombres —convive—. Visita el santuario, ofrece plegarias, participa en los festivales, reconoce las señales. Un *kami* puede ser invocado por generaciones en la misma familia, y la relación se convierte en un vínculo entre antepasados y descendientes. El altar doméstico, el *kamidana*, a menudo se consagra a un *kami* específico, cuya energía resuena con la vocación de la familia: el protector de la agricultura, de la pesca, de la escritura, de la salud, de la carpintería.

Esta conexión personal con los *kami* no impide que se reverencien otros. El Shinto no exige exclusividad. Un practicante puede, y a menudo lo hace, visitar diferentes santuarios, honrar a diferentes dioses, pedir protección en varias áreas de la vida. Cada *kami* es un foco específico de la energía cósmica. Y el ser humano, multifacético como es, puede conectarse a múltiples presencias según su necesidad espiritual.

Es común, incluso, adoptar un *kami* como protector personal, no por imposición, sino por afinidad. A veces, esa elección es intuitiva —un santuario que toca el alma, un nombre que surge en un momento difícil, un sueño que trae una figura específica—. Los *kami* se comunican por señales, sincronicidades, sentimientos. Aquel que vive con atención a los detalles, que respeta los pequeños gestos y los instantes de silencio, aprende a reconocer esta comunicación. Y entonces, el vínculo se profundiza.

La presencia de los dioses protectores no es una garantía de ausencia de dificultades. Pero es una certeza de compañía. Cuando se enciende una vela, cuando se ofrece una rama de hojas frescas, cuando se dan las palmadas ante un pequeño altar de madera, se está diciendo: "No camino solo." Y esa conciencia transforma el vivir. Trae serenidad en medio del caos. Inspira coraje ante lo incierto. Sostiene el alma en los días de sombra.

Por eso, conocer a los dioses protectores es también conocerse a sí mismo. Porque cada *kami* resuena con una parte de la experiencia humana. La ira de Susanoo, el brillo de Amaterasu, el sacrificio de Izanami, la sabiduría de Takamimusubi —todos habitan el tejido del alma—. No están fuera. Están junto. Y reconocerlos, reverenciarlos, dialogar con ellos es reencontrar el camino de la armonía.

Los dioses protectores del Shinto, al reflejar los múltiples aspectos de la naturaleza y del alma humana, revelan una espiritualidad profundamente integradora. Cada *kami* es, al mismo tiempo, fuerza natural y presencia afectiva, arquetipo vivo y compañero cercano. Al caminar por un bosque, al cruzar los portales rojos de un santuario, o incluso al silenciar ante el pequeño altar doméstico, el devoto reconoce que su viaje es acompañado por inteligencias invisibles que no exigen adoración ciega, sino respeto y presencia.

Esta convivencia constante con lo sagrado enseña que la protección no viene de un poder que se impone desde fuera, sino de un lazo que se construye con el tiempo, con los gestos repetidos, con la escucha sensible de la vida. Ese lazo, sin embargo, no se limita al individuo. Se extiende a la comunidad, al paisaje, al oficio, al pasado y al futuro. Cuando una familia reverencia al mismo *kami* durante generaciones, el altar deja de ser un objeto: se convierte en un punto de encuentro entre tiempos y afectos. Cuando un barrio se reúne para celebrar al *kami* local, no está solo pidiendo protección —está reafirmando su identidad colectiva—. Y es así como el Shinto entrelaza lo espiritual con lo social, lo místico con lo cotidiano. Los dioses protectores no flotan distantes en esferas inalcanzables: se asoman sobre los tejados, acompañan la escritura de una carta, guardan el sueño de los niños, se sientan invisiblemente a la mesa cuando se sirve el arroz.

Al final, más que buscar el favor de los dioses, el practicante se transforma en la propia expresión del respeto que siente por ellos. La ofrenda, la plegaria, el cuidado del altar son reflejos de una postura interior que aprende a caminar con humildad y atención. Los *kami* protegen, sí, pero también enseñan —a ver belleza en lo simple, a honrar lo antiguo, a acoger lo mutable—. Y así, vivir bajo la protección de los dioses sintoístas es, en el fondo, vivir con conciencia: de sí, del otro, de la naturaleza y del misterio que impregna todas las cosas.

Capítulo 9
Altar Doméstico

En el silencio de una mañana común, antes de que los ruidos del día se instalen, hay un gesto simple que se repite en muchos hogares japoneses: encender una vela, ofrecer agua fresca, inclinarse en reverencia ante un pequeño altar de madera. Esta práctica, desprovista de alarde o espectáculo, es la esencia del culto sintoísta vivido en lo cotidiano. El nombre de este altar es *kamidana* —literalmente, "estante de los dioses"—, y su presencia discreta sostiene, como una columna invisible, la espiritualidad de la casa.

El *kamidana* no es un símbolo. Es un punto de contacto directo entre lo visible y lo invisible. Un vínculo permanente con los *kami*. No se trata de una miniatura de templo ni de un objeto decorativo. Es, en sí mismo, un espacio sagrado. Una extensión del santuario, adaptada al ritmo de la vida doméstica. Y su presencia transforma el hogar en templo, no por la grandiosidad, sino por la intención pura con que es cuidado y reverenciado.

Colocar un *kamidana* en casa es un acto de elección espiritual. No es necesario ser sacerdote, no es preciso haber nacido en Japón, ni tampoco seguir reglas rígidas. Lo que se exige es respeto, sinceridad y constancia. El altar debe instalarse en un lugar elevado, limpio, donde la mirada lo alcance con facilidad, pero donde el cuerpo no lo toque inadvertidamente. Preferentemente orientado hacia el sur o el este —direcciones asociadas a la luz y al renacimiento—. Nunca encima de una entrada o baño, y jamás debajo de ninguna estructura. El *kami* merece estar arriba, no por jerarquía, sino por honor.

El corazón del *kamidana* es el *ofuda* —un talismán sagrado recibido de un santuario, que contiene el nombre del *kami* allí venerado—. Este *ofuda* es la presencia espiritual del dios en cuestión. Es él quien consagra el espacio. Y por eso, debe ser tratado con el mismo cuidado que se tendría con la presencia real de un huésped divino. A su alrededor, pueden disponerse pequeños objetos rituales: dos pequeños recipientes para agua y sake, dos para arroz y sal, un jarrón para ramas de *sakaki*, velas e incienso. La simplicidad es la regla. Pero cada ítem, por más discreto que sea, lleva una función y un significado.

Las ofrendas en el *kamidana* se realizan de forma similar a las que ocurren en los santuarios. Agua limpia todas las mañanas, cambiada antes del amanecer. Arroz fresco en fechas especiales o después de las comidas principales. Ramitas verdes que representan vida, renovación, conexión. No hay necesidad de abundancia —basta que sea puro, fresco, honesto—. Y lo más importante: acompañado de un corazón sincero, el *magokoro*. Porque la ofrenda no es por el valor material, sino por la vibración que transmite.

Ante el altar, el devoto realiza el mismo gesto tradicional: dos reverencias, dos palmadas, una plegaria silenciosa, y una reverencia final. Este pequeño ritual, repetido diariamente, reestructura el espíritu. Reordena la atención, deshace los nudos de la ansiedad, realinea el ser con el flujo de la vida. Y por eso, el *kamidana* no es solo un punto de oración —es un espejo del alma—. Refleja el estado interior de quien lo mantiene. Si hay descuido, acumulación de polvo, negligencia, algo se rompe en el vínculo con los dioses. El *kami* no abandona —pero se calla—.

Muchos practicantes sienten el efecto directo de cultivar este espacio. La atmósfera de la casa cambia. Se vuelve más ligera, más silenciosa, más ordenada. Los conflictos se atenúan. Las decisiones ganan claridad. La vida, aunque continúe con sus desafíos, parece fluir con más suavidad. Porque el hogar deja de ser solo abrigo físico y pasa a ser morada de la espiritualidad.

No hay un único tipo de *kami* que pueda ser honrado en el altar doméstico. Lo más común es consagrar el *kamidana* al *kami* del santuario más cercano o a la divinidad con la cual la familia mantiene lazos históricos o afectivos. Se puede también incluir más de un *ofuda*, siempre que el espacio se amplíe con respeto. Inari, por ejemplo, es frecuentemente homenajeado en hogares ligados a la agricultura, negocios o culinaria. Tenjin aparece en los hogares de estudiantes. Amaterasu, como diosa solar y ancestro de la armonía, es bienvenida en cualquier hogar. Pero lo esencial es que la elección se haga con conciencia y afinidad. El *kami* debe ser tratado como un invitado querido, que permanece en casa todos los días.

El *kamidana* también es un punto de unión familiar. Padres, hijos, abuelos pueden compartir este espacio de oración. Enseñar a los niños a cuidar del altar es una forma de transmitir no solo un rito, sino una visión del mundo. Es enseñar que hay algo más allá de lo visible, que la gratitud debe cultivarse, que la belleza de las pequeñas cosas tiene valor. El niño que ofrece agua al *kami* aprende, sin palabras, que vivir es un don, y que ese don necesita ser honrado.

En los días de celebración, el *kamidana* gana nuevos elementos. Pequeños dulces, frutas de la estación, flores frescas, mensajes escritos a mano. Se puede cantar, se puede danzar ante él, como forma de alegrar a los *kami*. No hay rigidez. Hay vida. Y esa vida es espiritualizada por el gesto, por la intención, por la repetición consciente. La repetición no como hábito ciego, sino como ritmo que genera estabilidad.

Si por casualidad el *ofuda* se vuelve antiguo, se daña o completa un ciclo anual, debe ser devuelto al santuario de donde vino, donde será quemado en ceremonia apropiada. Se recibe entonces un nuevo *ofuda*, renovando el pacto con el *kami*, como quien renueva los votos de una amistad invisible. Este gesto, sencillo, refuerza la naturaleza cíclica del Shinto —todo nace, cumple su tiempo y retorna a lo invisible—. Y el devoto, al participar de este ciclo, se convierte también en parte de la danza eterna entre el mundo y los dioses.

No hay necesidad de esperar una ocasión especial para rezar en el *kamidana*. Está siempre allí, como testigo silencioso del viaje cotidiano. Al salir de casa para el trabajo, una reverencia. Al regresar, un agradecimiento. Antes de una decisión importante, una plegaria corta. Al alcanzar un logro, una ofrenda de gratitud. La espiritualidad sintoísta está hecha de gestos simples, integrados al ritmo de la vida. Y el altar doméstico es el ancla que sostiene esa integración.

El *kamidana* enseña que lo divino no está solo en templos distantes, en montañas sagradas, en rituales grandiosos. Está en la sala, en la cocina, en el rincón de la habitación. Está en el modo como se ordena la casa, como se cuida al otro, como se prepara el alimento. El hogar, cuando es habitado con reverencia, se transforma. Y en ese espacio transformado, los *kami* permanecen.

Por eso, el *kamidana* no es solo un mueble, ni un objeto sagrado aislado. Es un recordatorio constante de la presencia divina en lo ordinario. Invita a la atención, a la limpieza, a la gratitud. Y al mantener este pequeño altar encendido con gestos cotidianos, el devoto no solo honra a los dioses —se reeduca a sí mismo—. Aprende a ver con nuevos ojos. A escuchar el silencio. A caminar con más levedad.

Al mantener vivo el gesto diario ante el *kamidana*, el practicante desarrolla una espiritualidad que no se apoya en espectáculos, sino en constancia y presencia. Esta fidelidad al pequeño ritual moldea un tipo de sensibilidad rara: la capacidad de reconocer lo sagrado en lo cotidiano. No se trata de esperar milagros visibles, sino de cultivar una convivencia sutil con lo invisible. Con el tiempo, esta relación se profundiza —no por obligación, sino por afinidad—. El altar, antes un elemento externo, se convierte en espejo de un mundo interno más silencioso y despierto, donde cada ofrenda es también una conversación con la propia alma.

Ese silencio espiritual que el *kamidana* promueve tiene implicaciones profundas. Realinea no solo al individuo, sino la propia atmósfera del hogar. Pequeños desórdenes emocionales se deshacen. El tiempo parece desacelerar. Las palabras ganan más peso, los afectos, más claridad. Y cuando llegan las dificultades —como inevitablemente llegan—, hay allí, en aquel rincón sagrado de la casa, un lugar de refugio, un punto de equilibrio. El altar no responde con promesas, pero ofrece un recordatorio constante: no se está solo. La presencia del *kami*, incluso cuando invisible, ancla el corazón y sostiene el paso. Esto transforma la espiritualidad en algo tangible, practicable, accesible en cualquier momento.

Al fin y al cabo, el *kamidana* es menos un altar y más una forma de vivir. Enseña, todos los días, que lo divino no está separado de la existencia, sino entrelazado a ella. Al encender una vela o renovar el agua, el devoto no solo realiza un rito —reafirma su lugar en el mundo, su conexión con la naturaleza, con los ancestros, con la propia esencia de la vida—. Y así, incluso en una mañana común, antes de que los ruidos del día se instalen, aquel gesto simple se transforma en portal: un instante en que lo humano y lo sagrado se reconocen mutuamente.

Capítulo 10
Religión Cotidiana

La espiritualidad del Shinto no habita solo los santuarios, los festivales y los ritos formales. No exige trajes ceremoniales, palabras antiguas o ceremonias complejas para manifestarse. Vive, principalmente, en lo ordinario. En los gestos pequeños y en los silencios. En cada saludo, en cada limpieza hecha con intención, en cada comida compartida con respeto. La religión cotidiana en el Shinto es una práctica continua, casi invisible, pero profundamente transformadora. Es la vida llevada con reverencia.

El primer acto del día, al abrir los ojos, ya es un encuentro con lo sagrado. El sol que despunta en el horizonte no es solo astro —es la luz viva de Amaterasu-ōmikami, la diosa solar—. Volverse hacia el este, aunque sea por un breve momento, e inclinar levemente la cabeza en silencio es reconocer esa presencia. Muchos practicantes mantienen el hábito de saludar el nuevo día con un gesto de gratitud. No hay palabras fijas. Solo el sentimiento de que el día que comienza es un don, una renovación, una invitación.

Antes de las comidas, la costumbre de decir "*Itadakimasu*" —literalmente, "recibo con humildad"— conlleva un significado espiritual profundo. No se trata solo de educación o cortesía. Es un reconocimiento de que el alimento viene de un ciclo sagrado: de la tierra, del agua, de la dedicación humana, de la bendición de los dioses. Comer no es un acto mecánico. Es un gesto de comunión con los elementos que sustentan la vida. Después de la comida, el "*Gochisōsama deshita*" —"fue un banquete", aunque fuera simple— expresa gratitud no solo por la comida, sino por todo el trabajo y energía involucrados en su obtención.

La limpieza, en el Shinto, es también práctica espiritual. El ambiente donde se vive no es solo un espacio funcional —es extensión del alma—. Por eso, barrer la casa, ordenar los objetos, limpiar el suelo, airear las habitaciones no son solo tareas domésticas. Son gestos que purifican el espacio y, con él, el espíritu. El polvo que se acumula en las cosas no es diferente del que se deposita en la mente. El orden externo refleja la armonía interna. Y mantener el hogar limpio es mantener el espíritu alineado con los *kami*.

Las escuelas en Japón, profundamente influenciadas por el espíritu sintoísta, reflejan esta disciplina espiritual. Los niños aprenden, desde pequeños, a limpiar sus aulas, sus baños, sus pasillos. No hay personal de limpieza escolar. No por economía, sino por educación ética. Cada alumno se vuelve responsable de su ambiente. Aprende que cuidar del espacio común es parte del cultivo del carácter. Que la belleza y el orden no son solo estéticos, sino expresiones de respeto. Esta práctica, repetida todos los días, moldea la mirada. Enseña a ver el mundo con atención. Y esa atención es, en esencia, una forma de oración.

En los transportes públicos, en las filas, en las calles, el silencio y la cortesía no nacen solo de reglas sociales. Son también reflejos de una espiritualidad que reconoce al otro como presencia sagrada. Cada persona lleva consigo una chispa de lo divino. Y tratar al otro con gentileza es, también, honrar a los *kami* que viven en todos los seres. El comportamiento respetuoso no es una máscara social. Es una práctica espiritual arraigada.

Las palabras, en el Shinto, también son caminos. Hablar con sinceridad, evitar la maledicencia, elegir el silencio cuando es necesario —todo esto es parte de la práctica diaria—. El concepto de *kotodama*, el "espíritu de las palabras", revela la creencia de que cada sonido lleva una vibración espiritual. Decir algo es lanzar una energía al mundo. Y por eso, se habla con cuidado. Palabras negativas, proferidas de forma impulsiva, enturbian el ambiente. Palabras bellas, pronunciadas con verdad, purifican.

Incluso los rituales formales pueden traducirse en acciones simples en lo cotidiano. Al iniciar una nueva tarea, muchas personas se inclinan levemente ante el espacio de trabajo. Al abrir un nuevo proyecto, encienden una vela. Antes de un viaje, hacen una breve oración. Estos gestos, aunque discretos, crean un campo de atención. Y es esa atención la que transforma lo ordinario en extraordinario.

La religiosidad sintoísta ne separa la vida en compartimentos. El tiempo de trabajo, el tiempo de la familia, el tiempo de la comida, el tiempo del descanso —todos son momentos de posible encuentro con lo sagrado—. Esta forma de espiritualidad no impone. Se insinúa. Va arraigándose en la rutina, en las costumbres, en la manera de habitar el mundo. Y por eso, incluso aquellos que no se declaran religiosos, acaban practicando el Shinto en sus gestos. El respeto por el espacio público, el cuidado de la estética, el silencio en lugares naturales, la reverencia espontánea ante un árbol antiguo —todo eso nace de un alma moldeada por siglos de convivencia con los *kami*.

La práctica del *omiyamairi* —la primera visita de un bebé al santuario— marca, desde temprano, la inserción del niño en el campo de lo sagrado. Es presentado al *kami* local, recibe protección, es bendecido. Este gesto no es solo simbólico. Inaugura una relación. E incluso si a lo largo de la vida el individuo se aleja de los ritos formales, esa conexión permanece latente, silenciosa, viva.

En los negocios, muchas empresas japonesas inician el año con una visita colectiva al santuario. Empleados, directores, colaboradores se reúnen ante el altar, hacen ofrendas, piden sabiduría, protección y armonía. Es un ritual que une espiritualidad y trabajo, que reconoce al *kami* como socio en las actividades humanas. Y esta práctica resuena en los valores corporativos: dedicación, integridad, cooperación. El ambiente profesional, cuando es atravesado por este espíritu, se convierte también en un lugar de cultivo interior.

En los campos, los agricultores mantienen pequeños altares en medio de las plantaciones. Honran a los dioses de la tierra, de la lluvia, del sol. No siembran sin rezar. No cosechan sin agradecer. La agricultura, en este contexto, no es solo técnica. Es arte espiritual. Cada estación trae una enseñanza. La espera, el cuidado, la paciencia, la aceptación de la impermanencia —todo eso forma el carácter—. Y el alimento que nace de esa tierra espiritualizada lleva una fuerza que va más allá de lo físico.

En la vida urbana, incluso entre hormigón y tecnología, el espíritu sintoísta encuentra espacio. Pequeños santuarios entre rascacielos, árboles preservados en esquinas concurridas, fuentes con cucharones de purificación en lugares inesperados —todo eso son recordatorios—. El *kami* no exige naturaleza intacta. Se manifiesta donde hay respeto. E incluso el más apresurado de los transeúntes, al inclinar la cabeza al pasar por un *torii*, participa de lo sagrado.

El Shinto, al ofrecer esta religiosidad cotidiana, revela que lo esencial no está en la complejidad, sino en la conciencia. No hay separación entre vida y espiritualidad. Vivir bien es practicar bien. Y practicar bien es vivir con belleza, respeto, orden y gratitud. No es preciso aislarse del mundo, ni esperar grandes ocasiones. El ahora es el templo. El hogar es el altar. La acción es la oración.

Al reconocer lo cotidiano como espacio sagrado, el Shinto nos invita a una forma de religiosidad que no se impone como doctrina, sino que se revela como estilo de vida. Este modo de vivir sagrado no depende de grandes discursos o revelaciones místicas: se construye en la intimidad de los días comunes. Está en cómo se camina por la calle, en cómo se saluda a alguien, en cómo se toca un objeto con cuidado. Cada gesto se convierte en una firma espiritual, un trazo de atención que, repetido a lo largo del tiempo, moldea el espíritu con delicadeza y profundidad. Es una espiritualidad que no separa lo profano de lo sagrado —sino que los entrelaza, hasta que ya no se pueden distinguir—.

Esta conciencia transforma la mirada. La ciudad deja de ser un espacio caótico y se convierte en un campo de relaciones vivas. El trabajo cotidiano se transforma en expresión de propósito. Los encuentros, incluso los más breves, llevan la posibilidad de reverencia. Y así, el espíritu del practicante pasa a reposar sobre una base sólida: el cuidado. Cuidar del espacio, cuidar de la palabra, cuidar del tiempo, cuidar de las relaciones. El Shinto cotidiano es, ante todo, una ética del cuidado. Y esta ética, aunque silenciosa, es profundamente contagiosa. No necesita ser enseñada por imposición. Se transmite por convivencia, como el aroma del incienso que permanece en el ambiente incluso después de que el humo se disipa.

Al final, vivir según esta espiritualidad es una elección diaria —una elección por ver belleza donde la mirada distraída vería solo rutina—. Es despertar a la dimensión sutil que atraviesa la existencia, sin negar sus dolores o dificultades, pero viendo en ellas también la presencia de los *kami*. Pues si cada instante es un templo, y cada acción una oración, entonces vivir con reverencia es, por sí solo, un camino sagrado. Y en ese camino, donde cada paso es presencia, lo divino camina junto —no arriba, no más allá, sino al lado, al compás exacto de la vida vivida con intención—.

Capítulo 11
Roles del Sacerdote

En un santuario silencioso, donde el aire parece más ligero y el tiempo reposa con lentitud, una figura se mueve con levedad ceremonial. Vestido de blanco y azul, o quizá de rojo profundo, camina entre el *torii* y el *honden* como quien traza puentes invisibles entre mundos. No se impone, no se destaca, no exige. Sirve. Ese es el *kannushi*, el sacerdote sintoísta. Su papel no es de dominación espiritual, ni de mediación exclusiva. No es dueño de lo sagrado —es su guardián—. Y su presencia es al mismo tiempo discreta y esencial.

El *kannushi* es el celador de la pureza, el mantenedor de la armonía del espacio ritual. No manda a los *kami*. Prepara el terreno para que ellos se manifiesten. Cuida del santuario con manos dedicadas, preserva los ritos con exactitud, entona los *norito* con la voz de la tradición. A él le corresponde la responsabilidad de mantener vivo el flujo entre lo visible y lo invisible, entre los humanos y los dioses. Su función no es interpretativa, sino ritual. No predica. Actúa.

El camino para convertirse en sacerdote en el Shinto no pasa por una llamada divina ni por una iluminación individual. Pasa por la formación, la práctica y, sobre todo, por la humildad. Muchos linajes sacerdotales son hereditarios, mantenidos por familias que hace siglos cuidan de los mismos santuarios. Pero también hay aquellos que se forman en instituciones específicas, como la Universidad Kokugakuin o la Universidad Kogakkan, donde se estudia la historia, la lengua clásica japonesa, los rituales, los mitos, la etiqueta y el modo de vida sacerdotal. El entrenamiento no es solo técnico —es una inmersión en la sensibilidad sintoísta—.

La vestimenta del *kannushi* es parte de su papel simbólico. El *jōe*, túnica blanca de lino o seda, representa pureza. El *eboshi*, gorro negro usado en la cabeza, lo conecta a los atuendos cortesanos de la antigüedad, reforzando la solemnidad de su presencia. En ceremonias más formales, viste el *sokutai*, un conjunto complejo de ropas coloridas que remite a la vestimenta de la corte imperial. Pero incluso bajo tantas capas, lo que transparenta es la levedad. El sacerdote no debe llamar la atención sobre sí mismo, sino canalizar la presencia de lo sagrado con discreción.

En las manos, puede sostener el *ōnusa*, bastón de madera con largas tiras de papel blanco —los *shide*— que se agitan como olas al viento. Con él, realiza la purificación. El sonido de las tiras rasgando el aire no es ruido —es vibración—. Con el *ōnusa*, el sacerdote limpia el ambiente, los objetos, a las personas. No con imposición, sino con delicadeza ceremonial. Cada movimiento lleva intención. Cada gesto, significado.

Los *kannushi* no están aislados. Trabajan en colaboración con las *miko*, asistentes rituales femeninas, generalmente jóvenes mujeres que sirven en los santuarios con vestiduras blancas y faldas rojas. La presencia de la *miko* es luminosa y silenciosa. Prepara las ofrendas, realiza danzas ceremoniales —las *kagura*—, cuida de la estética del espacio sagrado. Su figura es la continuidad viva de las chamanas ancestrales, de las mujeres que, desde tiempos inmemoriales, servían como médiums entre los *kami* y los hombres. La *miko* no es subalterna —es complementaria—. Su danza no es entretenimiento —es invocación—. Su silencio no es ausencia —es escucha—.

Juntos, *kannushi* y *miko*, sostienen la integridad del santuario. Son los cuidadores del ritmo sagrado. No imponen reglas morales, no se arrogan ser dueños de verdades. Mantienen el flujo. Se despiertan temprano para limpiar el recinto, preparan las ofrendas con precisión, recitan los *norito* en ceremonias de bendición, purificación, celebración. No se colocan entre el devoto y el *kami* —solo garantizan que el espacio, el tiempo y el gesto estén listos para el encuentro—.

En momentos de transición en la vida de los devotos, los sacerdotes asumen un papel fundamental. En el nacimiento de un niño, realizan el *omiyamairi*, la primera visita al santuario. En el matrimonio, conducen el *shinzen kekkon*, donde los novios juran unión ante los dioses, comparten el sake sagrado y reverencian juntos. En los rituales de paso de la infancia a la juventud, están presentes, guiando con sobriedad y ternura. Cada rito conducido por el *kannushi* es una costura invisible en el tejido de la vida, uniendo la experiencia humana al campo de los dioses.

Pero no son solo celebraciones. En tiempos de crisis, el sacerdote también actúa. Ante desastres naturales, como terremotos o tifones, realiza rituales para restaurar el orden, consolar a los deudos, purificar la tierra. Su presencia se convierte en ancla. No hay promesas de explicación. Hay solo la certeza de que el *kami* continúa presente, y que la armonía, aunque rota, puede ser restaurada con sinceridad, con cuidado, con ritos.

Muchos *kannushi* viven junto a los santuarios, en residencias anexas. Su vida es simple, marcada por el ritmo de los días y las estaciones. No buscan proyección, no venden milagros. Su recompensa está en el servicio. Al cuidar del altar, están cuidando del alma del pueblo. Al encender una vela, están iluminando el camino de quien se aproxima. Al entonar un *norito*, están ofreciendo su voz como puente entre mundos. Y todo esto es hecho con el silencio de quienes saben que lo esencial no necesita palabras.

Ser sacerdote en el Shinto no es vestir una identidad —es sostener un modo de ser—. Es mantenerse puro, atento, disponible. Es vivir con los *kami*, por ellos y para ellos. Y por eso, el *kannushi* se convierte, él mismo, en un reflejo de lo que preserva. Su postura, su mirada, su gesto, todo transmite la presencia que honra. Es símbolo vivo del principio de que lo sagrado no es distante —es cultivado, cuidado, alimentado con acciones discretas y continuas—.

En los tiempos modernos, muchos sacerdotes enfrentan desafíos nuevos. La disminución de practicantes regulares, la urbanización, la modernización del lenguaje. Y aun así, continúan firmes. Se adaptan, sin perder la esencia. Reciben visitantes extranjeros con hospitalidad. Explican los rituales con paciencia. Abren las puertas de los santuarios para quien busca algo —aunque no sepa qué exactamente—. El sacerdocio sintoísta no cierra puertas —las mantiene abiertas—. Porque la presencia del *kami* no depende de la nacionalidad, del origen o del saber. Depende solo de la sinceridad.

Al final del día, cuando los faroles se encienden, cuando el santuario se sumerge en el silencio, el sacerdote aún está allí. Quizá barriendo el suelo con una escoba sencilla. Quizá limpiando los objetos del altar. Quizá sentado en silencio ante el *honden*. Nadie lo ve, nadie lo aplaude. Pero el *kami* sabe. Y esa conciencia basta.

Bajo la luz suave de los faroles, el *kannushi* prosigue su viaje como quien camina entre mundos, cargando la tarea invisible de sostener el lazo entre lo humano y lo divino. Aunque los ojos contemporáneos se acostumbren al ruido y a la velocidad, hay una fuerza silenciosa en el gesto repetido, en el rito ejecutado con esmero, en el cuidado que no busca reconocimiento. El sacerdote no se aleja del presente —lo abraza a su manera, mostrando que incluso en un mundo en constante mutación, hay espacio para aquello que permanece, para aquello que se cuida en silencio—. Su permanencia es resistencia, pero también compasión.

Es por eso que el *kannushi* no representa solo la memoria viva de una tradición, sino también su renovación discreta. Acoge las transformaciones sin dejarse descaracterizar por ellas. Si el flujo de los visitantes cambia, él cambia el modo de recibir. Si el lenguaje se altera, encuentra nuevas formas de expresar el mismo espíritu. El sacerdocio, así, se revela como un oficio del tiempo —un tiempo que no se mide solo por relojes, sino por estaciones, por ritos, por gestos—. Y cada gesto, incluso el más simple, aún lleva el peso y la levedad de lo sagrado.

En la última curva del día, cuando el incienso ya se ha disipado y el viento nocturno acaricia las ramas del santuario, el *kannushi* permanece. No porque necesite, sino porque eligió estar. No espera ser recordado —solo cumple lo que debe hacerse—. Y en ese hacer continuo, discreto y comprometido, se disuelve en el oficio que abrazó, como agua que alimenta la raíz sin llamar la atención sobre sí. Es en ese desaparecer en el gesto que el sacerdote se revela entero.

Capítulo 12
Sacerdocio Femenino

En tiempos antiguos, cuando el mundo aún no estaba dividido por estructuras rígidas de poder y la espiritualidad caminaba en consonancia con el instinto y la intuición, la voz de las mujeres resonaba en los rituales como sonido primordial. Danzaban, entonaban cánticos, interpretaban las señales invisibles del viento, del agua, del fuego. En el Japón ancestral, incluso antes de que el Shinto asumiera formas oficiales, el sacerdocio femenino ya existía como expresión natural de la sensibilidad espiritual. La mujer, con su conexión orgánica a los ciclos de la vida, a la tierra y a las aguas del vientre, era canal directo para los *kami*.

Este vínculo nunca se perdió. Sobrevivió al tiempo, a las reformas, a las estructuras masculinas, a las adaptaciones políticas. Permanece, sutil y firme, en las figuras de las *miko* —las asistentes espirituales femeninas de los santuarios sintoístas— y, más recientemente, en las sacerdotisas plenamente ordenadas. La espiritualidad sintoísta no ve conflicto entre lo femenino y lo sagrado. Al contrario, reconoce en la energía femenina una expresión esencial de lo divino.

La figura de la *miko* se remonta a las antiguas chamanas, conocidas como *kannagi*, mujeres que recibían a los dioses en su cuerpo, que danzaban en estado de trance, que comunicaban los mensajes de los *kami* al pueblo. La más emblemática de estas figuras es Himiko, la reina-chamana que gobernó el reino de Yamatai en el siglo III. No comandaba solo políticamente —era el puente vivo entre los mundos—. Su autoridad era espiritual, reconocida incluso por registros chinos. Se aislaba, vivía en castidad, y hablaba por los dioses. Su existencia prueba que el sacerdocio femenino no es concesión moderna —es fundación arcaica—.

Con el tiempo, la figura de la *miko* fue siendo institucionalizada, pero sin perder su carácter ritual. Se convirtió en la guardiana de la belleza ceremonial, de la danza sagrada, de la ofrenda silenciosa. Vestida de blanco y rojo, con largas mangas y movimientos suaves, se desplaza por el espacio sagrado como presencia que нe pesa, como viento que reorganiza la energía del lugar. Su danza —la *kagura*— no es performance. Es invocación. Cada gesto es una palabra. Cada giro, un saludo. Al moverse ante el altar, la *miko* no representa —manifiesta—.

En las ceremonias, la *miko* prepara las ofrendas con manos delicadas, posiciona los elementos con precisión, canta himnos que calman y despiertan. Su presencia es discreta, pero fundamental. Sostiene la armonía del ritual con el silencio de quien sirve a lo invisible. No explica. Revela. El santuario, en su presencia, se vuelve más ligero, más atento, más vivo.

Muchas *miko* actúan de forma temporal, durante la juventud, antes del matrimonio. Pero hay aquellas que, movidas por vocación profunda, permanecen. Y hay, también, aquellas que trascienden el papel de asistentes y se convierten en sacerdotisas plenas —una posibilidad que, aunque menos común, se ha ampliado en las últimas décadas—. La mujer, hoy, puede ser ordenada sacerdotisa, conducir rituales, recitar *norito*, administrar santuarios. Y cuando lo hace, no imita el sacerdocio masculino. Imprime su propia vibración, su propia cadencia espiritual.

La actuación de la mujer en el Shinto nunca fue secundaria. Incluso en las eras en que el patriarcado se imponía en otras tradiciones religiosas, los santuarios japoneses continuaban albergando lo femenino. Algunas de las divinidades más veneradas del panteón sintoísta son femeninas: Amaterasu, la diosa del sol, origen del linaje imperial; Konohanasakuya-hime, diosa de la flor del cerezo y de los volcanes; Ame-no-Uzume, la diosa de la danza, la alegría y la revelación. Cada una lleva una fuerza distinta, pero todas revelan la vitalidad de lo femenino como potencia creadora y ordenadora. La mujer, al ejercer el sacerdocio, no solo repite ritos —canaliza ese linaje espiritual—. Se alinea a esas fuerzas arquetípicas que gobiernan la vida, la belleza, el tiempo y la transformación. Su presencia en el santuario es más que una función —es una afirmación de que lo sagrado no tiene género fijo, sino que se manifiesta conforme al espíritu y la pureza de intención—.

En las comunidades, la presencia de la mujer como figura espiritual también es acogida con naturalidad. En festivales locales, muchas veces son las señoras mayores quienes lideran las procesiones, quienes mantienen vivos los cánticos antiguos, quienes enseñan a los niños los gestos y los ritos. No fueron ordenadas por instituciones, sino por la propia continuidad de la tradición. Son sacerdotisas por vivencia, por herencia, por devoción silenciosa.

La intuición, cualidad tantas veces marginalizada en contextos racionales, es en el Shinto una forma legítima de conocimiento espiritual. La mujer, con su sensibilidad a los ciclos, a las emociones, al lenguaje no verbal, encuentra en este campo una afinidad profunda con los modos del *kami*. El dios sintoísta no se impone —se insinúa—. No habla alto —susurra—. Y oír esos susurros exige la escucha fina que lo femenino, en su forma más plena, lleva consigo.

En los rituales de purificación, la presencia femenina es, muchas veces, el elemento que suaviza y armoniza el campo espiritual. Al ofrecer las ramas sagradas, al conducir el canto litúrgico, al sostener el silencio con presencia, la sacerdotisa crea el espacio para que el *kami* se manifieste. No hay jerarquía entre ella y el sacerdote hombre. Hay complementariedad. El equilibrio entre fuerzas que, unidas, convierten el santuario en un espejo del orden natural.

La ascensión de las sacerdotisas formales en el Shinto moderno no representa una ruptura. Representa un retorno. Un reequilibrio. En un mundo que intenta reorganizar sus formas de poder, el Shinto ofrece un ejemplo sutil de cómo lo femenino y lo masculino pueden coexistir en lo sagrado sin exclusión. Y esta convivencia no nace de decretos. Nace de la práctica. De la reverencia mutua. Del reconocimiento de que el *kami* responde a la sinceridad, no al género.

La mujer, al ejercer el sacerdocio, trae también la dimensión del cuidado. Observa detalles, nota alteraciones en el campo energético, percibe las emociones no dichas de los devotos. Su escucha es más amplia. Su mirada, más simbólica. Y al acoger, al orientar, al calmar, realiza la función primera de lo sagrado: reconducir a la armonía.

En algunos santuarios, grupos de mujeres se reúnen para mantener los ritos vivos. Coser los trajes, limpian los caminos, cuidan las flores, recitan oraciones. Hacen esto sin reconocimiento público, sin expectativa de recompensa. Hacen porque saben. Y ese saber, transmitido de madre a hija, de abuela a nieta, mantiene encendida una llama invisible que sostiene la continuidad de la tradición.

La mujer, en el sacerdocio sintoísta, no es excepción. Es raíz. Y como raíz, sostiene, aunque no aparezca. Su fuerza está en la constancia. En el cuidado. En la belleza que no busca reflectores. Su presencia es lo que hace el espacio sagrado habitable, sensible, fértil.

Al final de un día ritual, cuando las velas se apagan y el silencio se instala nuevamente en el santuario, la sacerdotisa recoge los objetos con manos firmes y suaves. Limpia el altar como quien acaricia un ser vivo. Dobla los paños con respeto. Permanece. Porque su servicio no termina con el rito —continúa en la forma como camina, como habla, como vive—. Es sacerdotisa no solo cuando viste el traje ceremonial, sino en cada gesto cotidiano. Porque lo sagrado, para ella, es estado permanente de atención.

En el recogimiento de los gestos cotidianos, el sacerdocio femenino revela su naturaleza más profunda: una espiritualidad que no se anuncia, sino que se infiltra en los pliegues del tiempo, del espacio y de la presencia. La mujer, cuando actúa en lo sagrado, no crea rupturas —refuerza los lazos—. Su práctica no es solo litúrgica, sino existencial. Con cada ofrenda silenciosa, reafirma la idea de que lo espiritual no es algo separado de la vida, sino su continuidad en otro tono, más sutil. Su cuerpo, su voz, su escucha se convierten en instrumentos de una liturgia que se extiende más allá del altar, alcanzando lo cotidiano como extensión de lo divino.

Este modo de estar en el mundo transforma el sacerdocio femenino en una referencia viva de equilibrio y permanencia. La mujer no busca dominar el rito —lo siente—. No reivindica espacios por imposición, sino por fidelidad a una llamada que antecede a cualquier sistema. Su saber espiritual está entrelazado a la práctica, al cuidado, a la transmisión silenciosa. Y cuando ella conduce un ritual o simplemente cuida del espacio sagrado, imprime allí su firma energética, aquella que torna el ambiente más acogedor, más íntegro, más receptivo a la presencia de los *kami*.

Así, lo femenino en el Shinto no es adorno o concesión —es pulsación original de lo sagrado, fuerza fundante que continúa nutriendo el presente con la sabiduría de lo invisible—. Al final, la sacerdotisa permanece no porque alguien la haya colocado allí, sino porque ella nunca dejó de estar. Su papel es anterior a las instituciones, más antiguo que los registros y más resiliente que las estructuras. Es la guardiana silenciosa del espíritu del santuario, la llama que no se apaga, la escucha que acoge, el gesto que cura. Y por eso, incluso cuando nadie más observa, cuando las campanas cesan y las ofrendas son recogidas, su presencia continúa llenando el espacio como un eco sagrado que no necesita voz para ser oído.

Capítulo 13
Danzas Sagradas

Hay un lenguaje que antecede a la palabra. Una forma de comunicación que no depende de sonido, ni de escritura, sino que vibra en el cuerpo, en el aire y en la memoria ancestral de los pueblos. Ese lenguaje es la danza. En el Shinto, no es arte escénico, ni espectáculo. Es rito. Es gesto que convoca, que despierta, que atrae la presencia de los dioses. Se llama *kagura* —la danza sagrada—.

El origen de la *kagura* está entrelazado a uno de los mitos fundadores más bellos del Shinto: el episodio en que Amaterasu, la diosa del sol, se esconde en una cueva tras sentirse ofendida y humillada por su hermano Susanoo. La oscuridad se instala sobre el mundo. El frío, el caos y el silencio dominan la tierra. Los dioses, reunidos, intentan en vano convencerla de salir. Hasta que una diosa, Ame-no-Uzume, decide danzar. Sube a un barril, rasga sus ropas, agita las caderas, suelta carcajadas. Los dioses, sorprendidos, ríen. La risa resuena. La curiosidad despierta a Amaterasu. Espía la entrada de la cueva. Y, al ver el reflejo de su luz en un espejo allí posicionado, es seducida por su propia belleza. Sale. Y con ella, la luz retorna al mundo.

Esta narrativa no es una leyenda estática. Es una clave espiritual. Muestra que la alegría, el movimiento, la sensualidad y el arte tienen poder de curación, de convocación, de restauración del orden. La danza de Uzume no fue fútil —fue necesaria—. Y por eso, en su homenaje, y en honor a la luz que se manifiesta en el cuerpo en movimiento, nació la *kagura*.

Las danzas sagradas del Shinto no son improvisaciones. Cada paso, cada inclinación, cada giro tiene significado. No hay prisa. La belleza está en la precisión. Los brazos se mueven como ramas al viento. Las manos describen formas que evocan ciclos de la naturaleza. Los pies tocan el suelo con respeto, como quien despierta la tierra. El ritmo no es frenético. Es meditativo. Y el cuerpo se convierte, él mismo, en un altar.

Existen dos grandes tipos de *kagura*: la *miko kagura*, danzada por las sacerdotisas —*miko*— dentro de los santuarios, y la *sato kagura*, presentada en festivales y espacios comunitarios. La *miko kagura* es más introspectiva, marcada por gestos delicados, por el uso de campanas manuales (*suzu*), de ramas de *sakaki* y de largas mangas que flotan como nubes. La danzarina no exhibe emoción exagerada. Se mantiene contenida, serena, como canal que se abre para el *kami*. Su presencia es oración en movimiento.

La *sato kagura*, por su parte, es más popular y teatral. Incluye máscaras, tambores, flautas y representaciones dramáticas de mitos. En ella, los danzantes interpretan episodios como el combate entre Susanoo y el dragón de ocho cabezas, o la creación de las islas por la pareja Izanagi e Izanami. La danza se convierte en narrativa. Pero aun así, no pierde su sacralidad. Porque incluso al escenificar, el propósito es invocar. Atraer a los dioses. Abrir el espacio para su presencia.

En los festivales, la *kagura* puede presentarse en escenarios elevados dentro del terreno del santuario, llamados *kagura-den*. Allí, músicos tocan instrumentos tradicionales como el *taiko* (tambor), el *hichiriki* (flauta de lengüeta doble) y el *shō* (órgano de boca que emite acordes etéreos). La música no acompaña —conduce—. Dicta el tiempo del gesto, la emoción del espacio. Y los danzantes se mueven en conformidad con ese flujo sonoro. No hay coreografía para ser admirada. Hay un campo vibracional al que acceder.

El público, a su vez, no asiste en el sentido occidental de la palabra. Participa con el alma. Se abre a lo que sucede. Reconoce que lo que se desarrolla ante sus ojos no es un espectáculo, sino un puente. Muchos, al ver la danza, sienten lágrimas sin razón aparente. Otros, un calor súbito. Otros aún, un estado de tranquilidad profunda. La *kagura* actúa en lo invisible. Actúa en el alma.

En algunos santuarios antiguos, especialmente en las regiones de montaña, existen formas arcaicas de *kagura* preservadas durante siglos. En ellas, los danzantes visten máscaras hechas de madera o arcilla, que representan *kami*, animales, ancestros. Las máscaras no son accesorios. Son canales. Al vestirlas, el danzante deja de ser él mismo. Se convierte en vehículo. Y en ese estado de "olvido de sí", permite que el *kami* se manifieste. El cuerpo prestado danza con el espíritu que habita el aire.

No es raro que estas danzas duren horas, atraviesen la noche, terminen al amanecer. Y al final, lo que permanece no es agotamiento. Es un campo purificado. Una comunidad reunida. Un pueblo nuevamente en armonía con el cielo y la tierra. La *kagura*, así, no es entretenimiento. Es mantenimiento del orden cósmico. Es servicio espiritual.

Aquellos que danzan la *kagura* no lo hacen por vanidad. No hay fama, ni gloria. Hay disciplina. Hay devoción. El entrenamiento es largo. Comienza en la infancia, transmitido oralmente, con observación silenciosa, con repetición paciente. Los movimientos no se aprenden en libros. Se aprenden por el cuerpo. Y el cuerpo aprende por la escucha. Cada músculo se educa para reconocer el gesto correcto, el tiempo correcto, el punto exacto donde el *kami* puede entrar.

La *kagura* también enseña que el arte no es secundario. Es esencial. En un mundo que valora solo la razón, el cálculo, la productividad, el Shinto recuerda que el cuerpo en estado de belleza es portal. Y que danzar, cuando se hace con verdad, es rezar con el cuerpo entero.

La danza sagrada no busca público. Busca presencia. Presencia de espíritu. Presencia de *kami*. Presencia de quien danza. En muchos hogares, versiones simplificadas de la *kagura* se practican en fechas especiales. Madres danzan para agradecer por el nacimiento de los hijos. Ancianas danzan para proteger a sus descendientes. Hombres y mujeres danzan juntos alrededor del fuego. El círculo se forma. Y el tiempo se transforma. Porque en la danza, el tiempo no es lineal. Gira. Vuelve al origen. Rehace el camino de la luz.

Al reflexionar sobre la *kagura*, se comprende que el Shinto no es una fe de palabras. Es una fe de gestos. De posturas. De cuerpos que se ofrecen en reverencia. Y es por eso que la danza ocupa un lugar tan alto: une lo que es físico con lo que es etéreo. Une el músculo con el mito. Une el sudor con lo sagrado.

Aquellos que ya han presenciado una *kagura* verdadera saben que algo cambia. Incluso sin entender, sienten. Porque allí, entre el tambor que pulsa, el velo que flota, la mirada que se pierde en el altar, allí habita el *kami*. Y el espacio que se abre no se cierra tan pronto. Permanece. Y continúa danzando dentro de quien lo vio.

El movimiento sagrado de la *kagura* no se cierra con el fin del ritual —se prolonga en los cuerpos y en los corazones de aquellos que lo presenciaron—. Como la reverberación de una campana, su presencia resuena por dentro, ajustando frecuencias internas, despertando capas olvidadas de la sensibilidad humana. El gesto que parecía simple se revela portal. La repetición de pasos, un camino de retorno. No es una danza que se interpreta —es una danza que se atraviesa—. Y, al atravesarla, el individuo se realinea con el ritmo primordial de la existencia, aquel que pulsa incluso antes del lenguaje, y que resuena aún hoy en los santuarios donde el tiempo es espiral.

Esta dimensión de la danza como puente entre mundos nos recuerda que el cuerpo no es mero instrumento: es territorio de revelación. En la *kagura*, el cuerpo se convierte en espejo de la naturaleza —ora ligero como el viento, ora firme como la montaña, ora fluido como los ríos—. El danzante no se exhibe, se ofrece. Y en ese ofrecimiento, participa de una liturgia mayor que él mismo. Cuando el *kami* es acogido por el gesto puro, la danza no solo representa lo sagrado: lo hace presente.

Así, el rito no se limita al santuario. Se extiende al mundo. Cada persona tocada por la *kagura* lleva consigo la memoria vibrante de ese paso, y porta en sí la chispa de lo sagrado que danzó ante sus ojos. Y es por eso que la *kagura* permanece viva. Porque no depende de la audiencia, ni de la fama, ni del registro escrito. Depende solo de un cuerpo disponible, de un espacio consagrado y de una intención verdadera. Mientras haya alguien que dance con el espíritu del mundo, mientras haya pies que toquen el suelo como si besaran la tierra, la luz que Amaterasu trajo de vuelta jamás se apagará. Continuará naciendo, no solo en el cielo, sino en el corazón de cada uno que comprende que danzar es, en el fondo, un modo de recordar quiénes somos.

Capítulo 14
Sonidos y Símbolos

Hay lugares donde no es preciso decir nada. Donde el sonido de la campana que resuena al viento es suficiente para hacer que el espíritu se aquiete. Donde la visión de un arco rojo ante árboles antiguos basta para que el corazón reconozca la frontera entre el mundo común y el mundo de los *kami*. El Shinto es una tradición donde el lenguaje no se limita a la palabra. Se extiende a los sonidos, a los símbolos, a las formas que llenan el espacio y moldean la atmósfera. Lo invisible habla, y lo hace a través de la belleza.

El sonido tiene poder. En el Shinto, no sirve solo para llenar el silencio, sino para despertarlo. El *suzu*, la pequeña campana colgada en las entradas de los santuarios, no es solo decorativa. Llama al *kami*. Su vibración aleja las impurezas, rompe las capas de distracción, y sintoniza el alma al espacio sagrado. Al llegar a un santuario, el visitante agita la campana antes de hacer su ofrenda. Es como si dijera: "Estoy aquí. Despierto. Presente." Y el sonido metálico que se esparce por el aire lleva consigo esa presencia.

El sonido de las palmas también es central. Dar dos palmadas ante el altar es más que tradición —es gesto ritual—. Las palmas marcan el inicio de la comunicación con los dioses. Cortan la dispersión. Alinean el cuerpo, la mente y el espíritu. Despiertan al *kami* y al practicante. Es un sonido seco, rítmico, que reverbera no solo en el aire, sino en el alma. Y en el intervalo entre las palmas, se instala el silencio. Un silencio que no es vacío, sino pleno. Pleno de escucha.

También están los tambores — *taiko* — que anuncian los festivales, las danzas y las procesiones. Su sonido es grave, profundo, corporal. El tambor vibra en la tierra, en la madera, en el cuerpo de quien lo toca. Es sonido de nacimiento, de paso, de invocación. Marca el ritmo de la vida comunitaria y del rito colectivo. Cuando el *taiko* suena, nadie permanece indiferente. Habla con el cuerpo antes de hablar con el intelecto. Invita a la participación.

La música tradicional de los rituales —el *gagaku*— combina instrumentos como el *shō*, el *hichiriki*, el *koto*, creando paisajes sonoros que no conducen a melodías reconocibles, sino a estados de ánimo. Es una música que no se oye solo con los oídos, sino con el cuerpo entero. Reorganiza el espacio interno. Sus notas largas, sus pausas, sus timbres raros, todo ello contribuye a generar una atmósfera donde el tiempo se disuelve y el *kami* puede aproximarse.

Pero no es solo el sonido lo que comunica. Los símbolos visuales son portales silenciosos. El *torii*, con su forma simple de dos pilares verticales unidos por dos travesaños horizontales, es el símbolo más icónico del Shinto. No protege con barreras —delimita con presencia—. Al atravesarlo, el visitante entra en otro campo de realidad. Aunque el espacio más allá del *torii* parezca idéntico al espacio anterior, algo cambia. El cuerpo sabe. El alma sabe. El *torii* no cierra, sino que abre. Y su color, generalmente rojo o naranja, no es casual. Es el color de la vida, de la protección, de la sacralidad. Un color que repele el mal e invita a la atención.

Otro símbolo recurrente son las *shimenawa*, cuerdas trenzadas de paja de arroz, colgadas en lugares sagrados —árboles antiguos, piedras especiales, portales—. Indican que allí reside un *kami*, o que aquel espacio es pura manifestación de lo sagrado. Las tiras de papel blanco colgantes, llamadas *shide*, ondean al viento como lenguas silenciosas. No hablan, pero dicen. No explican, pero señalan.

Los trajes rituales también son lenguaje simbólico. El blanco de los sacerdotes, de las *miko*, de los devotos en purificación, no es ausencia de color. Es plenitud. Es pureza. Es el tejido que refleja toda la luz. Vestirse de blanco es declararse limpio, disponible, receptivo. Es abrir el cuerpo al paso del *kami*. El rojo de las *miko* representa vitalidad, protección, fertilidad. Los colores dicen lo que las palabras no alcanzan.

Están también los *ofuda*, talismanes de papel o madera consagrados en los santuarios. Contienen el nombre del *kami* y se colocan en casa, en los *kamidana*, como prolongaciones del espacio sagrado. No son amuletos en el sentido supersticioso. Son presencias. Son focos de energía. Quien los mantiene con respeto, quien los limpia, quien los reverencia, cultiva no solo protección, sino conexión.

Los *omamori*, pequeños amuletos de tela con bendiciones específicas —para salud, estudios, protección en viaje, fertilidad— son formas de mantener al *kami* cerca. Su valor no está en el objeto, sino en la relación que representa. El devoto lo lleva consigo como recordatorio. Como ancla espiritual. Como señal de que no camina solo.

También están las *ema*, plaquitas de madera donde se escriben deseos, agradecimientos o votos. Se cuelgan en estructuras dentro de los santuarios. Cada una lleva la voz de un corazón. Una petición de curación. Un agradecimiento por una victoria. Una esperanza ante lo desconocido. Juntas, las *ema* forman un coro silencioso de humanidad. Y los *kami* leen. Leen no con ojos, sino con presencia.

Los *tamagushi*, ramas de *sakaki* adornadas con tiras de papel, se ofrecen en ceremonias como gesto de reverencia. La rama, verde, representa la vida. El papel blanco, la pureza. El acto de girar la rama y depositarla ante el altar es un poema gestual. Un movimiento que dice: "Ofrezco lo mejor de mí. Con belleza. Con orden. Con entrega."

Todo en el Shinto es símbolo. Pero no símbolo como representación arbitraria. Símbolo como epifanía. Como revelación. El mundo no necesita ser explicado —necesita ser honrado—. Y los símbolos son el idioma de esa honra. No traducen lo sagrado —lo hacen accesible—. No son señales externas —son caminos interiores—. Por eso, quien visita un santuario, incluso sin saber, incluso sin entender, siente. Algo cambia. Algo se alinea. Porque los símbolos hablan directamente al espíritu. Traspasan las barreras del lenguaje, de la cultura, de la creencia. Son universales. Son eternos. Son vivos.

El Shinto enseña que todo comunica. El sonido de la campana. La curvatura del tejado. El bambú que se dobla. La piedra cubierta de musgo. El papel que danza al viento. El espacio entre dos *torii*. El modo como el cuerpo camina al aproximarse al altar. Todo es mensaje. Todo es presencia. Todo es *kami*.

Y cuando el devoto, en silencio, se deja tocar por estos sonidos y símbolos, entra en el campo de la escucha profunda. Aprende a leer el mundo con otros ojos. A oír con el corazón. A percibir con el alma. Y en ese estado, cada gesto se convierte en rito. Cada espacio, en santuario. Cada instante, en una llamada.

En medio de este universo de sonidos y símbolos, el practicante del Shinto redescubre la sensibilidad como forma de sabiduría. No busca comprender solo con la mente, sino con el cuerpo entero, con los sentidos abiertos, con la atención despierta. El rito no lo aísla del mundo —lo reintroduce en él con otra escucha—. La vibración del *suzu*, el golpe del *taiko*, el dibujo de un *shide* ondeando al viento: cada elemento se convierte en invitación a estar más entero, más presente, más verdadero. El espacio sagrado no es otro mundo. Es este mundo, percibido con delicadeza y reverencia.

Esa presencia sensible es lo que permite al devoto descifrar el silencio lleno de los santuarios. No es necesario conocer todos los nombres, ni entender todos los gestos. Lo que importa es la disposición a sentir, a dejar que el alma responda sin prisa a la llamada de los símbolos. Cuando el cuerpo se inclina, cuando las manos se juntan, cuando la mirada reposa en el *torii* con respeto, el practicante participa de un lenguaje que atraviesa el tiempo. Y es en ese gesto simple, pero pleno, que el mundo se reencanta —no por algo que se añade, sino por lo que se revela—. El símbolo, al final, no esconde: desvela.

Es por eso que el Shinto no se impone con dogmas, sino que se revela con gestos. No exige fe ciega, sino atención clara. Los sonidos y los símbolos que llenan sus ritos son testimonios de una espiritualidad que no necesita ser explicada para ser vivida. Al contrario, cuanto menos se intenta traducir, más se comprende. Porque el *kami* habla en el lenguaje del mundo, y el mundo habla a aquellos que están dispuestos a escuchar. La campana, la cuerda, el papel, la madera —todo vibra al unísono con el espíritu que busca—. Y en esa armonía silenciosa, cada sonido y cada símbolo se convierten en pasaje. Se convierten en presencia.

Capítulo 15
Ritos de Paso

La existencia no es línea recta. Se dibuja en ciclos, en curvas, en espirales que se repiten y se renuevan con sutileza. En el Shinto, cada etapa de la vida humana es acompañada por ritos que no solo marcan el tiempo, sino que lo consagran. Estos momentos, conocidos como ritos de paso, no son formalidades sociales —son transiciones espirituales—. Nacimiento, infancia, juventud, matrimonio, longevidad: cada uno de estos hitos se celebra con reverencia, pues cada uno representa un cambio de estado, una renovación de la presencia divina en el individuo y en la comunidad.

El primero de estos ritos es el *hatsumiyamairi*, la primera visita del recién nacido al santuario. Realizado generalmente en el trigésimo primer día de vida para niños y trigésimo tercero para niñas, este ritual marca la introducción formal del bebé al mundo espiritual. Es llevado por los padres y abuelos al santuario local, vestido con ropas tradicionales, envuelto con ternura y expectación. El sacerdote realiza una breve ceremonia ante el altar, ofreciendo oraciones a los *kami*, pidiendo protección, salud, crecimiento armonioso. El niño no comprende con la mente, pero su alma reconoce el gesto. A partir de ese día, es reconocido por los dioses como parte de la comunidad humana. Y su vida, aún en sus primeros días, ya se entrelaza al hilo invisible de lo sagrado.

El *hatsumiyamairi* no es solo para el bebé —es también un rito para los padres—. Marca el inicio de una nueva fase, con responsabilidades, alegrías y desafíos. La ida al santuario es una forma de declarar: "No estamos solos. Somos tres ahora. Y buscamos caminar con los dioses." El santuario, por su parte, acoge esta nueva vida con suavidad. No exige nada —solo presencia—.

Con el pasar de los años, el niño crece. Y alrededor de los tres, cinco y siete años, se realiza otro rito fundamental: el *Shichi-Go-San*, literalmente "siete-cinco-tres". En esta ceremonia, los niños visten trajes tradicionales —kimonos coloridos, *hakama*, fajas de seda— y visitan el santuario para agradecer por la salud recibida hasta entonces y pedir bendiciones para el próximo ciclo de crecimiento. Los niños son llevados al templo a los tres y cinco años; las niñas, a los tres y siete. Es un momento de belleza visible, de alegría compartida, pero también de profunda significación espiritual. La infancia no es vista como un intervalo, sino como parte sagrada del camino. Y cada año vivido es digno de celebración.

Durante el *Shichi-Go-San*, los niños reciben *chitose-ame*, caramelos alargados envueltos en papel decorado con imágenes de *tsurus* (grullas) y tortugas —símbolos de longevidad—. El nombre significa "caramelo de los mil años", expresando el deseo de que la vida del niño sea larga, próspera y feliz. Más que un regalo, es una ofrenda en forma de dulzura. La dulzura que se desea para el destino.

Al alcanzar la juventud, nuevos ritos marcan la transición del individuo. Aunque el Shinto no tenga un ritual fijo para la mayoría de edad, la ceremonia de *seijin shiki*, realizada a los veinte años, está profundamente influenciada por la sensibilidad espiritual japonesa. En ella, los jóvenes son reconocidos como miembros plenos de la sociedad, asumen responsabilidades, y reafirman su compromiso con la comunidad. Muchos eligen visitar el santuario ese día, agradecer por el ciclo de la infancia y pedir sabiduría para los nuevos caminos. Las jóvenes usan *furisode* —kimonos con mangas largas y elaboradas— y los muchachos visten trajes o *hakama* ceremonial. El día está marcado por orgullo, por belleza, por introspección. Es la juventud ante el altar, no en busca de fiesta, sino de dirección.

Entre todos los ritos de paso, quizá ninguno esté tan envuelto en simbolismo como el *shinzen kekkon*, el matrimonio ante los dioses. Esta ceremonia une no solo a dos individuos, sino dos linajes, dos historias, dos caminos de vida. La pareja, vestida con trajes formales —la novia de blanco absoluto, el novio con *hakama* oscuro— es conducida al altar del santuario. Allí, ante el sacerdote y sus familiares, se realiza el rito. No hay extravagancia. Hay orden. Hay belleza contenida. Hay reverencia.

Durante la boda, la pareja realiza el ritual del *san-san-kudo* —tres sorbos de sake, repetidos tres veces, totalizando nueve sorbos—. El número tres representa la continuidad, el nueve la plenitud. Cada sorbo es más que un gesto: es un voto silencioso de comunión, de compartir, de presencia. El sake es símbolo de la vida, de la fermentación que transforma lo simple en sagrado. Y al beber juntos, los novios sellan no solo un contrato, sino una promesa invisible. Los *kami* son testigos. Y al final de la ceremonia, la pareja se inclina ante el altar como quien se ofrece mutuamente ante el cosmos.

Más adelante en la vida, los ritos de paso no cesan. El envejecimiento también se celebra. En el sexagésimo cumpleaños, se realiza el *kanreki*, que marca el retorno al ciclo zodiacal original y simboliza el renacimiento espiritual. A los setenta (*kiju*), setenta y siete (*shichiju-shichi*), ochenta (*beiju*) y ochenta y ocho años (*hachi-ju-hachi*), se realizan nuevas celebraciones. Cada una de ellas no es solo un recuento del tiempo. Es reconocimiento de que la vida se prolonga, de que los dioses sostienen, de que el cuerpo puede envejecer, pero el espíritu se vuelve cada vez más refinado.

En estos ritos de la longevidad, la familia se reúne. Los hijos y nietos homenajean a los mayores. Y la gratitud se manifiesta en forma de regalos, oraciones, palabras, comidas preparadas con atención. El anciano es visto como vínculo entre generaciones, como presencia ancestral viva. Y al ser honrado, transmite también bendiciones. No con discursos, sino con la mirada. Con la sabiduría silenciosa de quien vivió y permaneció con el corazón limpio.

Es importante notar que, aunque el Shinto celebre intensamente la vida, la muerte, por otro lado, es tratada con discreción. Por llevar la energía de la impureza, el *kegare*, los ritos funerarios se asocian tradicionalmente al Budismo, que trata con el más allá, con el renacimiento y con el sufrimiento. El Shinto, al centrarse en el presente, en el aquí y ahora, en la pureza y la continuidad, se enfoca en celebrar lo que aún pulsa. Aun así, los muertos no son olvidados. Son reverenciados como ancestros, como *kami* que continúan influenciando el mundo de los vivos. Pero el luto, el funeral, el contacto con el cuerpo sin vida —esos son dominios tratados con recato, alejados de los santuarios para preservar el campo de pureza—.

Cada rito de paso en el Shinto es, por lo tanto, un momento de reintegración. Reintegración del individuo al ciclo mayor de la existencia. Reintegración de la comunidad a su eje espiritual. Reintegración de la vida al flujo de los *kami*. Nada se hace por casualidad. Nada es gratuito. Cada gesto se cose con cuidado. Cada palabra se entona con intención. Cada ofrenda es expresión de gratitud.

Vivir según el Shinto es aprender a percibir estos hitos como puntos de transición espiritual. No solo cumpleaños o ceremonias familiares, sino instantes en que el tiempo se abre. Y cuando el tiempo se abre, los dioses pasan. No entran con estruendo —entran con viento leve—. Y si el alma está atenta, siente. Y responde.

Estos ritos de paso revelan que, en el Shinto, la vida se celebra en su totalidad, como un camino que merece atención a cada paso. Cada ciclo no se trata como repetición, sino como una profundización —una inmersión más sensible en la experiencia de existir—. El tiempo, en esos momentos, no corre: se suspende. Y en ese intervalo abierto entre el ayer y el mañana, se instala el ahora sagrado. El santuario, al recibir a un recién nacido o a un anciano, al ser testigo de un voto de amor o de un agradecimiento juvenil, se transforma en un espejo de la vida en su forma más pura. En él, lo humano encuentra lugar para ser, simplemente ser, y ser plenamente.

Estas ceremonias, incluso en su simplicidad, llevan una profundidad que toca lo invisible. Al reunir generaciones en un mismo gesto, los ritos construyen un puente entre lo que fue, lo que es y lo que vendrá. Restauran el sentido de pertenencia y de continuidad, conectando al individuo con su linaje, su tierra, sus dioses. Y aunque estén marcados por formalidades, por trajes, por objetos simbólicos, su verdadero poder reside en la intención que los habita. Es en la reverencia silenciosa, en el paso contenido, en la ofrenda sincera que el rito cumple su papel.

El Shinto enseña, así, que no se trata solo de pasar por la vida, sino de marcar presencia en ella —con respeto, con levedad, con conciencia—. Y quizá esa sea la mayor enseñanza de estos ritos: vivir es sagrado. No porque la vida sea perfecta, sino porque pulsa, cambia, insiste. Y a cada cambio, el Shinto extiende un altar. Un altar que puede ser un santuario, pero puede también ser el regazo de una abuela, el toque de manos que se unen, el silencio que precede a una oración. En estos pasos, no hay promesas de eternidad —hay el reconocimiento de la belleza efímera del instante—. Y eso basta. Porque donde hay presencia verdadera, los *kami* se aproximan. Y donde los *kami* pasan, la vida se enciende.

Capítulo 16
Camino de la Familia

El hogar, en el Shinto, no es solo un espacio de convivencia. Es un campo sagrado donde los *kami* se hacen presentes diariamente. La familia, en su configuración más simple o más amplia, es percibida como célula espiritual —un microcosmos donde los valores del orden, la reverencia y la continuidad se cultivan como ofrendas silenciosas—. No se trata de una idealización moral. Se trata de una realidad espiritual: donde hay lazos vividos con respeto, donde hay memoria de los antepasados, donde hay gestos de gratitud, allí lo sagrado se establece con naturalidad.

El Shinto no impone dogmas familiares, no legisla sobre estructuras fijas. Reconoce lo que es vivo, lo que es relacional, lo que es ancestral. Cada familia es un vínculo entre pasado y futuro, entre el mundo visible y los mundos invisibles. Los padres no son solo cuidadores —son transmisores de espíritu—. Los hijos no son solo individuos en formación —son extensiones del linaje, portadores del soplo sagrado que viene de los ancestros—. Y los abuelos, con su presencia silenciosa, son los pilares que sostienen la verticalidad del tiempo. A través de ellos, la memoria no muere. Se transforma en sabiduría.

El culto a los antepasados es una de las prácticas más íntimas y constantes en lo cotidiano sintoísta. Aunque, en muchos casos, se realice también a través de ritos budistas, su espíritu es profundamente shinto: honrar a quien vino antes, reconocer que la vida no comienza en uno mismo, sino que continúa a través de uno. En muchas casas, hay pequeños altares —*kamidana* y *butsudan*— que coexisten, dedicados a los dioses y a los antepasados. Estos espacios no compiten entre sí. Se complementan. El *kami* y el ancestro comparten el mismo campo de presencia. Ambos son fuentes de protección, de inspiración, de conexión espiritual.

Los antepasados no son figuras distantes. Están presentes en las comidas en familia, en las fechas conmemorativas, en las historias contadas a los nietos, en las fotografías preservadas con cuidado. En festivales como el *Obon*, se celebra el retorno temporal de los espíritus ancestrales a la tierra. Las familias se reúnen, limpian las tumbas, encienden farolillos para guiar a los espíritus y los reciben con comida, música y reverencia. No hay tristeza. Hay reencuentro. La separación entre vivos y muertos no es definitiva —es solo de forma—. El espíritu permanece. Y donde es recordado con amor, continúa actuando.

La familia también es el lugar donde se aprende el valor del *wa* —la armonía—. Esta armonía no es ausencia de conflicto, sino disposición para respetar el orden natural de las cosas. El mayor no impone —orienta—. El más joven no se somete —aprende—. Cada papel es visto como función espiritual, no como jerarquía autoritaria. La madre, al preparar una comida con atención, está ofreciendo más que nutrición —está cultivando presencia—. El padre, al mantener el espacio limpio y seguro, está preservando el campo donde habita el *kami*. Los niños, al aprender a agradecer, a saludar, a cuidar los objetos, están siendo iniciados en el camino de lo sagrado.

Los rituales familiares no necesitan formalidad para ser auténticos. La visita conjunta al santuario al inicio del año. El momento de silencio ante el altar antes de dormir. La práctica de saludar al sol por la mañana. El compartir alimentos con una breve plegaria. Todo esto son actos de devoción vividos en comunidad íntima. El hogar se convierte, así, en una extensión del templo. Y la vida familiar, en una expresión continua de la espiritualidad.

La educación de los niños en el espíritu del Shinto no se da por imposición. Sucede por el ejemplo. Al ver a los padres inclinarse ante el altar, al participar en las limpiezas del templo, al vestir un kimono ceremonial con cuidado, el niño internaliza valores que van más allá de las palabras. Aprende que el mundo está habitado por presencias. Que el respeto no es regla —es modo de ser—. Que la gratitud no es exigencia —es respuesta natural al don de la vida—.

Incluso en los tiempos modernos, donde las estructuras familiares se diversifican, el Shinto continúa ofreciendo un campo espiritual capaz de acoger nuevas formas de convivencia. Lo que importa no es la configuración, sino la calidad de las relaciones. Donde hay cuidado, escucha, respeto, allí el *kami* permanece.

La familia, más que un concepto jurídico o cultural, es una vibración. Y donde esa vibración resuena con armonía, lo sagrado se manifiesta.

El matrimonio, por ejemplo, no es visto solo como unión entre dos individuos, sino entre dos linajes. Los ritos matrimoniales sintoístas reconocen que, al unirse, los novios integran también a sus ancestros, sus *kami* protectores, sus historias. La nueva familia no nace de cero —es continuación de muchos ciclos que se encuentran—. Y por eso, al establecer un hogar, muchas parejas montan su *kamidana*, inician sus propias prácticas devocionales, cuidan de transmitir a los hijos el sentido de reverencia y gratitud.

El nacimiento de un niño, como se vio en los ritos de *hatsumiyamairi*, es motivo de gran celebración espiritual. La familia entera se involucra. Y el crecimiento de ese niño es acompañado por ceremonias que marcan no solo el paso del tiempo, sino el florecimiento del espíritu. Cada año vivido se celebra como conquista de la vida, como gracia de los *kami*, como victoria de la continuidad.

El cuidado de los ancianos también refleja esta conciencia. No son descartados, ni invisibilizados. Son honrados como espejos vivos del pasado. Sus historias, sus gestos, sus bendiciones silenciosas —todo eso es fuente de aprendizaje y de fuerza—. La casa donde vive un anciano es vista como espacio sagrado. Y cuando parte, su presencia no se disuelve. Se transforma en *kami* familiar. Se convierte en guardián invisible del linaje. Y cada vez que es recordado, su espíritu se fortalece. Vive.

El camino de la familia, por lo tanto, no es solo un recorrido humano. Es un viaje espiritual. Exige atención, presencia, disposición para el cuidado. Pero ofrece, a cambio, la sensación de pertenencia más profunda que se puede experimentar. Saber que no se está solo. Que se es parte de algo mayor. Que hay hilos invisibles conectando generaciones. Que hay una continuidad silenciosa sosteniendo cada gesto.

Vivir el Shinto en familia es permitir que la espiritualidad se infiltre en los momentos más comunes: al lavar los platos, al doblar la ropa, al ordenar la casa, al compartir una comida simple. Es transformar lo cotidiano en liturgia. El hogar en altar. La relación en plegaria. Y en este modo de vivir, los dioses no son solo entidades distantes. Se convierten en miembros de la casa. Se sientan a la mesa. Observan con ternura. Protegen con firmeza.

Esta espiritualidad que impregna lo cotidiano familiar no se apoya en grandes revelaciones o momentos extraordinarios. Brota del gesto repetido con conciencia, de la escucha silenciosa, del respeto mutuo cultivado día tras día. El Shinto, al reconocer lo sagrado en el flujo ordinario de la vida, enseña que la divinidad no está distante, sino inmanente —oculta en el afecto con que se prepara una comida, en el cuidado con que se acoge a un pariente enfermo, en el silencio reverente ante una fotografía ancestral—. Todo lo que se hace con corazón despierto se convierte en ofrenda. Y todo lo que se vive con gratitud afianza los lazos entre los mundos.

El hogar, en ese sentido, se convierte en un espacio de continuidad no solo biológica, sino espiritual.

La transmisión de valores no se da por reglas, sino por impregnación afectiva. El niño que observa a los adultos reverenciar a los mayores, que crece oyendo historias cargadas de respeto y humor, que participa de las pequeñas celebraciones domésticas con encanto, absorbe una visión del mundo donde todo tiene alma, donde todo está interconectado. Así, el hogar deja de ser solo abrigo y se transforma en un campo de formación de la sensibilidad, donde la reverencia no se enseña —se vive—.

Y es viviendo así, con presencia, con simplicidad y con espíritu de comunión, que la familia se convierte en espejo del cosmos. Sus ciclos reflejan los ciclos de la naturaleza; sus alegrías y lutos reflejan los flujos del universo. Nada se pierde cuando es recordado con amor. Ningún gesto es pequeño cuando nace del cuidado. Y en ese entrelazamiento entre generaciones, entre lo visible y lo invisible, entre lo humano y lo divino, se manifiesta la verdadera fuerza del linaje: no como carga, sino como bendición. No como pasado, sino como continuidad.

Capítulo 17
Armonía Comunitaria

Existe una fuerza silenciosa que sostiene la cohesión entre las personas, que mantiene vecinos unidos, comunidades vivas, tradiciones preservadas. Esta fuerza no nace de leyes o estructuras políticas. Brota de la vivencia compartida de lo sagrado. En el Shinto, esta fuerza se llama armonía comunitaria, y se arraiga en la relación entre los *kami* y el pueblo que los reverencia. Cada barrio, cada aldea, cada ciudad, incluso en medio de la modernidad, lleva en su corazón un santuario —y en él habita el *kami* protector de aquella colectividad, el *ujigami*—.

El *ujigami* no es un dios genérico. Es específico. Vive entre el pueblo. Camina por las mismas calles, observa los mismos campos, bendice los mismos hogares. No es solo reverenciado —es parte de la comunidad—. Esta relación directa entre *kami* y grupo social es lo que diferencia al Shinto de muchas tradiciones espirituales. Aquí, lo divino no se aleja del mundo —se inserta en él—. Y es de esa inserción que nace el sentido de pertenencia profundo, el sentimiento de que se es parte de algo mayor, vivo e invisible.

El santuario local no es solo un espacio de oración. Es centro gravitacional de la vida comunitaria.

Es allí donde ocurren los rituales estacionales, las bodas, las bendiciones de nacimientos, los agradecimientos por las cosechas. Es allí donde se busca protección en tiempos de epidemias, desastres naturales o crisis sociales. Y es allí, también, donde se celebra la alegría de los encuentros, la fuerza del grupo, la continuidad de la tradición. La presencia constante del santuario y de su *kami* promueve estabilidad. No habla, pero orienta. No impone, pero sostiene.

Durante los *matsuri*, esta conexión entre *kami* y comunidad se vuelve visible y vibrante. Las calles se llenan de color, música y movimiento. Niños, jóvenes, adultos y ancianos participan juntos. Cada uno tiene su función: cargar el *mikoshi*, preparar los alimentos, limpiar los espacios, organizar los adornos, recitar oraciones, danzar, cantar. El festival no se produce —se vive—. Es expresión del cuerpo colectivo en armonía con lo espiritual. El *kami*, en ese momento, no está solo en el altar —es llevado por las calles, ve los rostros, oye las voces—. Y la comunidad siente su presencia.

Esta vivencia compartida de lo sagrado genera vínculos que no dependen de afinidades personales. Personas diferentes, de edades, profesiones y visiones del mundo distintas, se vuelven parte del mismo flujo. No por imposición, sino por tradición. Todos saben que aquel *kami* es de todos. Y eso basta para crear una base sólida de convivencia. El respeto mutuo crece, no por miedo al castigo, sino por conciencia de la presencia divina que todo lo observa. La vergüenza de fallar al otro nace de la gratitud, no del castigo. Y es esa vergüenza saludable —ese sentido de responsabilidad colectiva— lo que mantiene el orden social.

Incluso en las grandes ciudades, donde el ritmo frenético parece engullir el silencio, el Shinto encuentra formas de mantenerse presente. Pequeños santuarios entre edificios altos, *torii* escondidos en calles concurridas, espacios de purificación en áreas industriales —todo eso es expresión de la resistencia espiritual—. Los *kami* permanecen. Y aquellos que se acuerdan de ellos, incluso en medio de la prisa, cultivan un vínculo que los rescata de la fragmentación. El simple acto de pararse ante un altar, inclinar la cabeza, dar dos palmadas y hacer silencio por un instante, reintroduce al individuo en el cuerpo colectivo. No está solo. Pertenece.

En las aldeas, esta conexión es aún más visible. El santuario es centro de la vida. Las decisiones importantes se discuten allí. Las crisis se llevan al altar. Los ciclos de la tierra —siembra, crecimiento, cosecha— son ritmados por ritos. No se comienza una obra sin bendición. No se abre una carretera sin oración. No se inaugura un puente sin purificación. El *kami* no es formalidad. Es presencia. Y esa presencia da seguridad, da sentido, da continuidad.

En tiempos de catástrofes naturales, como terremotos y tsunamis, muchos japoneses encuentran en el santuario no solo un abrigo físico, sino un eje espiritual. Es allí donde lloran a los muertos, donde agradecen por la supervivencia, donde se reerigen en silencio. El *kami*, en esas horas, no promete soluciones mágicas. Pero su permanencia ofrece consuelo. Está allí.

Vio. Permanece. Y con eso, el pueblo también permanece.

Esta dimensión comunitaria del Shinto traspasa la religión. Moldea el modo de vivir. Las escuelas, por ejemplo, celebran aniversarios fundacionales con ritos en el santuario local. Las empresas organizan visitas rituales al inicio del año fiscal. Los deportes, los eventos culturales, las inauguraciones públicas —todo puede tener una dimensión ceremonial—. El *kami* es reconocido como parte del viaje. Y al hacer esto, la colectividad refuerza su sentido de identidad.

El Shinto, al promover esta armonía comunitaria, no exige uniformidad. Respeta la diversidad, pero invita a la convivencia. Los *kami* locales no compiten entre sí. Dialogan. Cada comunidad cultúa a su propio dios, pero reconoce y respeta al dios del vecino. Y cuando es necesario, se unen en festivales intersantuarios, sellando alianzas espirituales que se reflejan en la política, la economía y la cultura. La fe no es aislada —es interconectada—.

Este modelo puede inspirar al mundo moderno, tan marcado por la fragmentación, la competición y el individualismo. El Shinto muestra que una sociedad puede ser cohesiva no por la fuerza, sino por la reverencia. Que un pueblo puede estar unido no por miedo, sino por gratitud. Que el espacio común, cuando es reconocido como sagrado, se convierte en territorio de paz.

La armonía comunitaria no nace del azar. Se cultiva. Requiere tiempo, repetición, dedicación. Los jóvenes necesitan ser incluidos. Los ancianos, valorados.

Las diferencias, respetadas. El *kami* observa todo. Y donde hay esfuerzo sincero para mantener el *wa* —la armonía—, él permanece. Donde hay egoísmo, se aleja. Pero donde hay colaboración, donde hay belleza, donde hay cuidado del otro, sonríe. Y su presencia se convierte en bendición.

En el Shinto, la comunidad no es solo una suma de individuos. Es un cuerpo vivo, una entidad espiritual, una extensión de la voluntad divina. Y al preservar sus ritos, sus espacios, sus símbolos y sus valores, ese cuerpo se mantiene saludable. Respira, danza, celebra. Se rehace a cada ciclo. Y en ese flujo continuo, el *kami* camina junto, invisible, pero presente.

La verdadera fuerza de la armonía comunitaria reside en su capacidad de atravesar el tiempo sin perder el sentido. No exige que todos piensen igual, ni que todos actúen de la misma forma, pero pide una escucha mutua, una disposición para compartir espacio, tiempo y cuidado. El *kami* que habita el santuario local es el mismo que transita discretamente entre las casas, que inspira el gesto solidario, que sostiene el vínculo entre los que ya partieron y los que aún vendrán. Y así como el ritual repite los pasos de los antiguos con nuevas intenciones, la comunidad también se reinventa sin perder sus raíces.

Esta reinvención continua es lo que convierte la armonía comunitaria en una práctica viva. Cuando un niño participa por primera vez en un festival, llevando una pequeña ofrenda o vistiendo un traje ceremonial, no está solo jugando o siguiendo un protocolo —está siendo acogido por el espíritu del lugar—. Cuando un anciano es invitado a contar historias ante el santuario, no solo rememora —fortalece el alma colectiva—. Cada persona, al ocupar su papel con presencia y respeto, contribuye al tejido invisible que sostiene el bien común. Y es en ese entrelazamiento generoso que el *kami* encuentra morada.

Es por eso que, incluso ante los cambios del mundo, la armonía comunitaria permanece como un valor esencial. No se opone a la modernidad —la equilibra—. No exige retorno al pasado —invita a la continuidad consciente—. En cada aldea, ciudad o metrópoli donde la presencia divina aún es reconocida en el gesto humano, el Shinto florece silenciosamente, sosteniendo puentes entre las personas, entre lo visible y lo invisible. Y mientras haya manos dispuestas a cuidar de lo común, a escuchar con respeto, a celebrar con gratitud, allí el *kami* permanecerá —no como leyenda, sino como realidad viva—.

Capítulo 18
Virtudes del Corazón

El Shinto no impone una moral codificada. No presenta listas de pecados, no dicta comportamientos universales, no amenaza con castigos eternos. En lugar de eso, ofrece al practicante un camino más sutil, más interior, más verdadero: el cultivo de las virtudes del corazón. No son normas. Son cualidades. No se aprenden con imposiciones externas, sino que se desarrollan por la sensibilidad, por la repetición de los gestos, por el contacto con lo sagrado. El Shinto enseña que vivir bien es vivir con sinceridad, pureza, respeto y rectitud —no por miedo, sino por afinidad con los *kami*—.

En el centro de esta ética está el concepto de *makoto*, palabra que escapa a una traducción exacta. *Makoto* es sinceridad, pero también es verdad, pureza de intención, honestidad esencial. Es el corazón sin disfraz, la acción sin cálculo, la palabra sin máscara. Un acto realizado con *makoto* no necesita ser perfecto —necesita ser verdadero—. Es por eso que, en los rituales sintoístas, la forma puede variar, pero la sinceridad es indispensable. Los dioses no se impresionan con gestos mecánicos. Responden a la intención, al sentimiento silencioso que vibra detrás del gesto. Y ese sentimiento es lo que conecta lo humano con lo divino.

Makoto es una virtud activa. No es pasividad, no es ingenuidad. Es una postura interior de apertura, de claridad, de presencia. Es actuar de acuerdo con la propia conciencia, sin traicionar los valores que unen al individuo con el orden natural. La persona que vive con *makoto* no necesita justificar sus acciones. Su presencia transmite confianza. Su habla tiene peso. Su silencio tiene densidad. Y su vida se convierte, poco a poco, en una ofrenda.

Junto a esta sinceridad fundamental, el Shinto valora profundamente la pureza —no solo en el sentido físico, sino sobre todo espiritual—. Pureza, aquí, es la capacidad de mantener el corazón ligero, la mente límpida, el cuerpo en armonía con el ambiente. Es por eso que tanto se habla de purificación. El *misogi*, el *harae*, los baños, los ritos silenciosos, todo apunta a esta limpieza del ser. No se trata de alejar el mal moral —sino de remover lo que enturbia, lo que pesa, lo que bloquea el paso de la energía vital—. Un corazón puro no es aquel que nunca yerra —es aquel que se permite renovar—. La pureza, en el Shinto, es cíclica. Se pierde y se recupera. No hay culpa, no hay castigo. Hay conciencia. Cuando alguien percibe que se distanció de la levedad, busca la purificación. Y al purificarse, reencuentra el centro. Es un proceso continuo, silencioso, humilde. Y es en él que se forja el carácter.

La tercera virtud que sostiene el camino sintoísta es el respeto —no como formalidad, sino como reconocimiento del valor sagrado de todo lo que existe—. Respetar al otro es respetar a los *kami* que lo habitan. Respetar la naturaleza es reconocer que cada piedra, cada árbol, cada gota de agua es presencia divina. Respetar la tradición es honrar a los que vinieron antes, a los que transmitieron los ritos, a los que preservaron los símbolos. Y respetarse a sí mismo es cuidar del propio cuerpo, de la propia palabra, del propio espíritu.

En Japón, este respeto se manifiesta en los gestos cotidianos. En la forma como se entrega un objeto con las dos manos. En el modo como se inclina el cuerpo ante un altar, un anciano, un huésped. En el cuidado del ambiente público, del silencio ajeno, de la estética de los espacios. Todo esto nace no de un código civil, sino de una ética espiritual. El respeto no es impuesto. Es cultivado como flor rara —con paciencia, con constancia, con atención a los detalles—.

La cuarta virtud, inseparable de las anteriores, es la rectitud. No una rectitud inflexible, sino la firmeza de quien alinea su vivir con los ritmos del universo. La persona recta es aquella que no se inclina ante el egoísmo, que no se deja corromper por el deseo inmediato, que mantiene su dirección incluso ante las dificultades. No es rígida —está enraizada—. Y por eso, puede ser flexible sin perderse. En el Shinto, la rectitud es silenciosa. No necesita ser proclamada. Se revela en los actos. En la honestidad con que se trabaja. En la integridad con que se cuida de la familia. En la sobriedad con que se enfrenta el luto. En el coraje con que se reconoce el error. La persona recta no vive para agradar a los otros, sino para mantener viva la llama del *magokoro* —el corazón verdadero—. Y ese corazón no se desvía, porque no está atado a intereses, sino al sentido profundo de la vida.

Estas cuatro virtudes — *makoto*, pureza, respeto y rectitud— no son ideales inalcanzables. Son prácticas. Son caminos diarios. Son formas de aproximarse a los *kami*, no por rituales complejos, sino por la calidad de la presencia. Y quien las cultiva, aunque sin palabras, aunque en silencio, transforma el mundo a su alrededor.

En la educación de los niños, estas virtudes se transmiten desde temprano. No por imposición, sino por ejemplo. El niño que ve a los padres reverenciando a los dioses, que participa de los rituales de limpieza, que es enseñado a agradecer antes de la comida, aprende desde pequeño que la vida es don. Y que vivir con belleza es una forma de retribuir ese don.

La sociedad japonesa, moldeada por siglos de influencia sintoísta, aún hoy preserva muchos rasgos de estas virtudes. El sentido del orden en los espacios públicos. La responsabilidad compartida en las comunidades. La valoración de la estética. La delicadeza en las interacciones. Todo eso es expresión de la espiritualidad cotidiana. E incluso si muchos no se declaran religiosos, viven el espíritu del Shinto en sus gestos.

En un mundo en que las palabras son muchas y las acciones, pocas, el Shinto ofrece un camino diferente. No exige que se crea —exige que se viva con atención—. No promete paraísos —ofrece armonía—. No define pecado —apunta a la desarmonía interior—. Y al hacer esto, invita al ser humano a mirar hacia adentro. A escuchar su propia respiración. A alinearse con los ciclos de la naturaleza. A reconocer lo divino que vibra en todo.

La vergüenza, en este contexto, no es castigo. Es brújula. Cuando alguien actúa contra las virtudes del corazón, siente vergüenza —no porque fue juzgado, sino porque sabe que se desvió de la armonía—. Esta vergüenza es discreta, pero eficaz. Orienta. Corrige. Y por eso, el sistema ético del Shinto es, al mismo tiempo, ligero y profundo. No ata —libera—.

El mundo moderno, tan marcado por exigencias externas, por conflictos morales, por polarizaciones, puede encontrar en el Shinto un alivio. No como respuesta lista, sino como invitación. Una invitación a desacelerar. A silenciar. A prestar atención. A vivir con más verdad, con más levedad, con más reverencia. Porque, al final, lo que los dioses desean no es perfección. Es sinceridad. Y esa sinceridad comienza con el cultivo de las virtudes del corazón. Con lo simple, con lo real, con lo que pulsa dentro de cada ser.

Vivir con las virtudes del corazón es, por lo tanto, un ejercicio de presencia. No se trata de adherir a una doctrina, sino de desarrollar una escucha más fina para el propio sentir y para el ritmo sutil del mundo. El practicante que camina atento a esta llamada comienza a percibir que cada momento ofrece una oportunidad de expresar sinceridad, pureza, respeto o rectitud. Desde el modo como se saluda a alguien hasta la forma como se maneja un error cometido, todo se convierte en chance de afinarse con lo invisible. En este camino, el error no es fracaso, sino ocasión de retorno. Y la virtud no es medalla, sino modo de estar en el mundo.

Esta dimensión silenciosa y natural de la ética sintoísta revela su fuerza precisamente en la ausencia de imposición. En vez de crear muros entre lo correcto y lo incorrecto, invita a la sutileza de la percepción, a la delicadeza del gesto, a la integridad que se construye en lo cotidiano. El corazón que cultiva *makoto* no necesita aplausos. El alma que busca pureza no se vanagloria. El respeto y la rectitud, cuando verdaderos, florecen incluso en el anonimato. Y quizá sea esa la mayor belleza del camino sintoísta: transforma lo ordinario en sublime, no por medio de proezas, sino por la calidad silenciosa del ser.

Es así que, paso a paso, gesto a gesto, la vida se convierte en ofrenda. El hogar, el trabajo, los encuentros casuales y los instantes de soledad se tornan escenario para el florecimiento interior. Y en ese florecer sin prisa, sin ambición, sin vanidad, el ser humano se aproxima a lo que hay de más esencial: un corazón verdadero, que pulsa en armonía con todo lo que vive. En ese estado, no hay más separación entre lo humano y lo divino —hay solo presencia—. Y donde hay presencia sincera, allí también están los *kami*.

Capítulo 19
Educación y Carácter

En la tradición sintoísta, educar no significa solo transmitir conocimiento. Significa moldear el espíritu, alinear el comportamiento al ritmo de lo sagrado, y formar seres humanos que vivan en armonía con el mundo visible y con el invisible. El Shinto no ofrece un sistema pedagógico formal, pero inspira, por su propia esencia, una forma de educación basada en el ejemplo, en la repetición de gestos significativos, en el respeto a la naturaleza, en la disciplina compartida y en el cultivo de las virtudes silenciosas. Es una educación que no se proclama como espiritual, pero que brota de un suelo impregnado de presencia divina.

El niño japonés, desde los primeros años, aprende que el espacio donde vive necesita ser cuidado. No oye esto como una lección moral —ve a los adultos practicándolo—. Aprende que la belleza importa, que la limpieza no es función ajena, sino deber de todos, y que agradecer es más importante que exigir. En las escuelas, este espíritu se convierte en práctica concreta. El aula es organizada por los propios alumnos. Los baños, pasillos, escaleras, todo es limpiado por manos infantiles, todos los días. El acto de limpiar no es castigo —es aprendizaje—. Es un rito diario de humildad y responsabilidad.

No hay recompensas espectaculares. No hay castigos humillantes. Lo que hay es convivencia, ejemplo, y un ambiente que valora lo colectivo por encima del egoísmo. El grupo importa. La presencia de cada uno afecta a todos. El silencio, el saludo respetuoso, el celo por los materiales, todo eso enseña, sin decirlo, que el mundo necesita ser cuidado. Y cuidar del mundo comienza con el cuidado de sí mismo.

El profesor, en este contexto, no es una figura autoritaria. Es una extensión de los valores que la escuela pretende cultivar. Se posiciona con firmeza, pero sin imposición. Corrige con presencia. Y sobre todo, actúa como ejemplo. Los profesores también limpian, también reverencian el espacio escolar, también transmiten, a través de su conducta, el espíritu que se desea despertar en los alumnos. La autoridad nace de la coherencia. Y la educación, así, deja de ser solo instrucción para convertirse en transmisión de carácter.

Las ceremonias escolares reflejan este ethos. Al inicio del año lectivo, es común hacer una visita al santuario local. La escuela, con sus profesores, empleados y alumnos, se presenta ante el *kami* protector de la región. No se trata de una obligación religiosa. Se trata de una forma de reconocer que la sabiduría es don, que el proceso de aprendizaje es sagrado, que el viaje de cada niño necesita bendiciones. El ritual es breve, simple, silencioso. Y al regresar a la escuela, el ambiente ya está impregnado de un sentido de reverencia.

Incluso las actividades más lúdicas, como deportes, festivales culturales y ferias escolares, están marcadas por este espíritu de atención. Los espacios se decoran con esmero. Los eventos se preparan con semanas de antelación. No se improvisa de cualquier manera. Cada detalle importa. Porque todo es expresión. Y cuando se aprende a cuidar los detalles, se aprende a cuidar la propia vida. El sentido estético, aquí, no es vanidad. Es espiritualidad. Es la búsqueda del equilibrio, de la levedad, de la belleza natural.

La ausencia de moral dogmática también es característica marcada. El Shinto no exige que el alumno aprenda conceptos religiosos, ni memorice historias mitológicas como obligación. Al contrario, se valora el silencio, la escucha, la observación. Las historias de los dioses se cuentan como expresiones de la naturaleza humana, como metáforas de la armonía, del conflicto y de la reconciliación. No son verdades absolutas. Son mapas simbólicos para el alma. El niño, al oír sobre Amaterasu, Susanoo o Uzume, reconoce en sí mismo emociones, miedos, impulsos. Y poco a poco, internaliza el sentido de orden que estas narrativas revelan.

La disciplina en las escuelas japonesas no es rígida en el sentido militar. Es rítmica. Estructura el tiempo, organiza el cuerpo, orienta la mente. La rutina diaria, con sus horarios fijos, sus momentos de silencio, sus pausas para alimentación y limpieza, crea un campo de estabilidad interior. Y esa estabilidad es esencial para el florecimiento del carácter. El alumno aprende que no está a merced de impulsos. Que puede contenerse. Que puede elegir. Que puede colaborar. Y en ese proceso, aprende también a respetar el espacio del otro.

El cuidado del ambiente escolar es otra extensión directa del espíritu sintoísta. Cada objeto es valorado. Cada material tiene su lugar. Los pupitres están organizados. Los zapatos se cambian al entrar en la escuela. Los uniformes se usan con sobriedad. No hay ostentación. Hay presencia. Hay conciencia de que el espacio donde se aprende necesita estar limpio, ordenado, armonioso. Y ese orden externo repercute en el interior del estudiante. Se siente parte de algo mayor. Comprende, sin palabras, que la escuela no es solo un edificio. Es un campo sagrado de formación.

Al cultivar este tipo de ambiente, la escuela no necesita castigos severos, ni mecanismos de control psicológico. El propio alumno desarrolla vergüenza saludable ante el fallo. Si falta al respeto al otro, si destruye lo que no le pertenece, si actúa con egoísmo, siente la disonancia. No porque alguien lo castigó, sino porque se alejó de la armonía. Y esa percepción, que nace de dentro, es más transformadora que cualquier disciplina impuesta.

La formación espiritual en el Shinto, por lo tanto, no sucede en templos cerrados, ni en clases formales. Sucede en lo cotidiano. En la manera como el alumno se levanta al ver al profesor. En la forma como escucha a los compañeros. En el modo como se inclina al entrar en un ambiente. En la paciencia con que prepara la comida escolar. En la gratitud expresada antes de comer. Todo es rito. Todo es aprendizaje.

El carácter, aquí, es forjado como el bambú: flexible, fuerte, silencioso. El niño no necesita ser moldeado por reglas rígidas. Necesita un campo donde la presencia de los valores pueda crecer como árbol. Y ese campo se prepara con atención, con repetición, con ejemplo. No hay prisa. El tiempo educa. Y el tiempo, en el Shinto, es cíclico, vivo, sagrado.

Los resultados de esta educación silenciosa se manifiestan en la vida adulta. En el respeto con que los profesionales actúan. En el orden con que los espacios públicos son tratados. En el sentido de cooperación que impregna los trabajos en equipo. En el cuidado del otro, incluso cuando no se está de acuerdo con él. No se trata de una sociedad perfecta. Sino de una sociedad que aprendió, a través de la espiritualidad implícita, que vivir bien comienza con el modo como se camina, como se habla, como se trata el espacio donde se está.

En este modelo de educación, el proceso de aprendizaje no se reduce a contenidos, sino que se expande hacia la formación de un espíritu presente, sensible e íntegro. El aula se convierte en extensión del hogar, el profesor, en reflejo del *kami*, y lo cotidiano escolar, en una sucesión de pequeños rituales que sedimentan valores sin necesitar nombrarlos. Cuando el niño aprende a calzarse los zapatos con atención, a doblar el paño de limpieza con celo, a servir un alimento con gratitud, no está solo repitiendo gestos —está internalizando una postura ante la vida—. Una postura que, incluso sin explicación teórica, moldea silenciosamente su carácter, como el agua que esculpe la piedra.

La educación inspirada en el Shinto revela que la construcción de un buen ser humano no exige rigidez, sino constancia. La coherencia entre palabra y acción, la delicadeza en los detalles, el respeto por el tiempo ajeno y por el propio espacio, todo eso son semillas lanzadas en el suelo fértil de la infancia. Y esas semillas germinan no en explosiones de genialidad, sino en la belleza discreta de la disciplina diaria. El ambiente, los ritos, las relaciones —todo educa—. Y así, la formación del carácter deja de ser tarea de especialistas y se convierte en tarea compartida, vivida por todos los que participan de la comunidad escolar.

En ese campo fértil donde lo visible y lo invisible se entrelazan, el niño crece como parte de un todo mayor, aprendiendo que vivir con respeto, simplicidad y atención es, por sí solo, una forma de sabiduría. El carácter, tal como se entiende aquí, no se resume a la moralidad o al comportamiento externo, sino que pulsa como una vibración interna alineada a la armonía universal. Educar, por lo tanto, es revelar esa vibración y permitir que se exprese con naturalidad. Y en ese proceso, cada gesto, por más sencillo que sea, se convierte en vínculo de conexión entre el niño y lo sagrado que habita el mundo.

Capítulo 20
Trabajo como Ofrenda

En el Shinto, no hay separación entre lo sagrado y lo cotidiano. El templo no es el único lugar donde el *kami* se manifiesta. La oración no es el único gesto capaz de tocar lo invisible. La ofrenda, cuando es sincera, puede asumir cualquier forma —una palabra verdadera, un gesto de cuidado, un momento de silencio, una acción hecha con dedicación plena—. Es en este espíritu que el trabajo, actividad muchas veces tratada como mera obligación o medio de subsistencia, es resignificado como acto espiritual. Trabajar bien es servir a los dioses. Ejecutar una tarea con atención, con pureza de intención, con disciplina y belleza, es, en sí mismo, una forma de reverencia.

El trabajador, en el universo sintoísta, no es un instrumento de la producción —es un agente del equilibrio—. Su oficio, sea cual sea, participa del gran orden cósmico. El cocinero, al preparar el alimento, no solo nutre cuerpos —perpetúa la energía vital que los *kami* ofrecen a la tierra—. El agricultor, al cuidar del arrozal, no solo cosecha —honra el ciclo de las estaciones, el espíritu de la tierra, la dádiva del sol y de la lluvia—. El artesano, al moldear la madera, el barro o el papel, no solo crea objetos —canaliza la belleza que brota del mundo invisible—. El empresario, el profesor, el pescador, el ingeniero, todos son, en esencia, oferentes. Y el altar, en este caso, es el espacio de actuación.

Esta percepción transforma radicalmente la relación con el oficio. El trabajo deja de ser carga. Se convierte en camino. Camino de realización espiritual, de expresión de valores, de integración con la comunidad. Al despertar por la mañana, aquel que trabaja con *magokoro* —el corazón verdadero— ya inicia el día en estado de culto. Limpia el ambiente de trabajo como si preparase el santuario. Organiza los instrumentos como quien posiciona los elementos del altar. Recibe al colega como si acogiera a un visitante sagrado. Y realiza sus tareas con el mismo celo que se dedicaría a un rito.

Muchas empresas japonesas, aún hoy, preservan prácticas directamente ligadas al espíritu sintoísta. Rituales de inicio de año fiscal se realizan en los santuarios locales, donde representantes de la empresa agradecen por el ciclo anterior y piden protección para el nuevo. Ritos de purificación se conducen antes de la inauguración de nuevas sedes, fábricas o proyectos. El sacerdote acude, recita oraciones, ofrece *tamagushi*, y consagra el espacio. No se trata de superstición. Se trata de reconocimiento: el *kami* habita el tiempo y el espacio, y el trabajo, siendo parte de ellos, necesita ser armonizado.

Incluso los pequeños comercios suelen mantener un *kamidana* en algún punto discreto del local. Diariamente, ofrecen agua, arroz y sake. Encienden incienso. Se inclinan ante el altar. Y siguen con sus quehaceres. La ofrenda precede a la venta. El espíritu antecede al lucro. La conexión con los dioses viene antes del resultado. Porque cuando se trabaja en consonancia con el flujo natural, los frutos surgen sin esfuerzo excesivo. Brotan como consecuencia, no como obsesión.

El Shinto no demoniza la prosperidad. Solo la comprende como bendición, y no como conquista aislada. El lucro, cuando es fruto de acciones honestas, se convierte en señal de armonía. Y esa armonía se expresa también en la forma como se administra el éxito: con gratitud, con modestia, con reparto. La empresa que prospera hace ofrendas mayores, apoya festivales, patrocina actividades comunitarias, invierte en la preservación de los santuarios locales. El ciclo se cierra. Lo que se recibe se devuelve. Lo que se conquista se bendice. Y el trabajo, así, deja de ser solo economía —se convierte en espiritualidad en acción—.

La ética del trabajo sintoísta valora el esfuerzo continuo, la humildad ante el proceso, la búsqueda de la excelencia. El llamado *kodawari*, el celo por la perfección, es expresión clara de esta postura. No se trabaja solo para entregar el producto final, sino para hacer bien cada etapa. La preparación del alimento, el ensamble de una pieza, la redacción de un informe, todo se hace con atención al detalle. Porque cada detalle lleva el espíritu de quien lo ejecuta. Y ese espíritu, si está alineado al *magokoro*, transforma lo ordinario en extraordinario.

Esta postura también se manifiesta en el respeto a los colegas, en los gestos silenciosos de cooperación, en la organización de los ambientes. Es común, al final de una jornada laboral, que todos participen en la limpieza del espacio. El lugar de trabajo se cuida como extensión del hogar y del templo. No hay alguien destinado a recoger la basura de los otros —todos colaboran—. Este gesto diario reafirma que el espacio es sagrado, que la presencia colectiva importa, que la armonía se construye con acciones pequeñas y constantes.

El cansancio, cuando surge, no es motivo de lamento —es señal de que se ha donado energía vital—. Y por eso mismo, el descanso también es respetado. Las pausas se hacen con presencia. El alimento se consume con gratitud. Los momentos de silencio se valoran. Hay, incluso, espacios para oraciones breves, para encender incienso, para el contacto con el cielo abierto. El trabajo no devora el tiempo. Organiza el tiempo. Estructura el día. Y por eso, no aprisiona —libera—.

Esta perspectiva puede aplicarse en cualquier cultura, en cualquier oficio, por cualquier persona. Basta cambiar la mirada. El trabajo no necesita ser visto como carga, como castigo, como exigencia del sistema. Puede ser vivenciado como expresión de dones, como oportunidad de servir al bien colectivo, como canal de desarrollo interior. La profesión, entonces, se transforma en vocación. Y la rutina, en ritual.

Incluso en las funciones más simples, la espiritualidad puede florecer. El dependiente que sonríe con sinceridad, el conductor que maneja con cuidado, el limpiador que limpia con atención, el cuidador que escucha con paciencia —todos ellos, al actuar con *makoto*, se convierten en oferentes—. Sus acciones, aunque invisibles a los ojos de la sociedad, son notadas por los *kami*. Y los *kami*, en su silencio atento, bendicen.

En Japón, hay templos dedicados a oficios específicos. *Kami* que protegen a los pescadores, los agricultores, los estudiosos, los comerciantes. Cada profesión es acompañada por divinidades que comprenden sus dificultades y sus alegrías. Al buscar inspiración y protección, el trabajador reconoce que no está solo. Que su esfuerzo participa de algo mayor. Que su sudor, cuando es ofrecido con verdad, es también oración.

El mundo moderno, marcado por la prisa, la competición, el agotamiento, puede reencontrar equilibrio al recuperar este sentido espiritual del trabajo. No se trata de romantizar la labor, sino de devolverle dignidad. De recordar que el cuerpo que trabaja es templo. Que el tiempo que se dona es valioso. Que la energía invertida construye no solo productos y servicios, sino también vínculos, memorias, legados.

El Shinto invita a esta reconexión. A mirar el propio oficio como misión. A transformar el espacio de trabajo en altar. A despertar con gratitud. A comenzar el día con reverencia. A cerrar la jornada con silencio. Porque cada acción, cuando se hace con atención, con respeto, con belleza, se convierte en canal para lo divino. Y en ese estado de conciencia, el ser humano no trabaja solo para vivir —vive para ofrecer—. Vive para servir. Vive para armonizar lo visible con lo invisible.

Esta forma de vivir el trabajo no exige ocupaciones extraordinarias, ni títulos de prestigio. Lo que pide es presencia. El jardinero que remueve hojas con atención, el técnico que revisa circuitos con precisión, el contador que organiza números con claridad —todos participan de un mismo principio: ofrecer lo mejor de sí, incluso en las tareas más discretas, como forma de honrar la vida—. Este espíritu transforma el hacer en comunión, y lo cotidiano en rito silencioso.

Cuando el gesto es íntegro, reverbera más allá de la acción. Purifica el ambiente, fortalece el carácter, eleva el espíritu. Y el mundo alrededor, incluso sin notarlo, se beneficia de esa vibración. Trabajar con conciencia es, por lo tanto, alinearse al flujo mayor que organiza el universo. El Shinto muestra que no hay tarea pequeña cuando se ejecuta con respeto. La repetición no es monotonía —es meditación—. El esfuerzo не es castigo —es oferta—. Incluso los errores, cuando son reconocidos con humildad, se convierten en parte del camino. Cada tropiezo revela un punto a purificar. Cada acierto afianza el vínculo entre lo visible y lo invisible.

El trabajador, así, deja de ser solo agente de producción: se convierte en vínculo consciente entre la tierra y el cielo, entre el mundo concreto y el mundo espiritual. Es puente. Es canal. Es ofrenda. Y al vivir de esta manera, con entereza, con celo, con corazón verdadero, el ser humano reencuentra dignidad no en lo que posee, sino en lo que entrega. El trabajo deja de ser espera de recompensa y se convierte en expresión de la propia esencia. En ese estado, no es el cargo lo que confiere valor a la persona, sino la pureza con que vive su función. Y así, incluso en medio del ruido del mundo moderno, una nueva quietud florece: aquella que nace de la coherencia, la simplicidad y la devoción contenida en el hacer. Porque donde hay esfuerzo sincero, allí también habita el *kami* —silencioso, invisible, pero presente en cada gesto bien hecho—.

Capítulo 21
Camino de la Prosperidad

En el corazón del Shinto, la prosperidad no se trata como un ideal distante o como un bien reservado a los pocos favorecidos. Se percibe como consecuencia natural de vivir en sintonía con los ritmos de la naturaleza, con los ciclos de la tierra y con el flujo invisible de las bendiciones de los *kami*. Cuando la existencia se alinea con lo que es verdadero, bello y armonioso, la abundancia se manifiesta. No como premio, sino como extensión de un estado interior. En el Camino de los Kami, prosperar es florecer —y ese florecimiento es accesible a todos los que viven con gratitud, respeto e integridad—.

La prosperidad, para el Shinto, tiene múltiples formas. No se limita al dinero o a los bienes materiales. Incluye salud vibrante, relaciones armoniosas, tiempo bien vivido, tranquilidad interior, protección de los ancestros, conexión con la tierra, con los dioses y con la comunidad. La verdadera riqueza es aquella que fortalece el espíritu, que profundiza los vínculos, que amplía la capacidad de servir. Es por eso que, en los santuarios, los pedidos de éxito raramente vienen desacompañados de gestos de reverencia y gratitud. El devoto no exige —ofrece—. Y en ese ofrecer sincero, la energía de la abundancia comienza a circular.

Los *kami* asociados a la prosperidad son numerosos y cercanos. Entre ellos, destaca Inari Ōkami, divinidad de las cosechas, del arroz, de la fertilidad, de los negocios y de la productividad. Inari no es un dios abstracto. Se manifiesta en millones de pequeños y grandes santuarios esparcidos por todo Japón, reconocibles por sus hileras de *torii* rojos y por las estatuas de zorras —sus mensajeros espirituales—. Comerciantes, agricultores, empresarios y familias enteras visitan sus templos para pedir éxito en sus emprendimientos, buenas cosechas, protección contra pérdidas, fluidez en los negocios. Pero antes de pedir, ofrecen: arroz, sake, dinero, ramas de *sakaki*, oraciones. El acto de ofrendar ya es señal de que se comprende el pacto silencioso entre hombre y *kami*: dar para recibir. Compartir para crecer.

Otro camino de acceso a la prosperidad en el Shinto es la veneración de los *Shichifukujin*, los Siete Dioses de la Suerte. Aunque esta tradición incorpora elementos del budismo y del folclore chino, se arraigó profundamente en la cultura japonesa y se armonizó con el espíritu sintoísta. Cada uno de estos siete *kami* representa una dimensión de la buena fortuna: longevidad, felicidad, riqueza, sabiduría, coraje, popularidad y fertilidad. Viajan juntos en un barco llamado *Takarabune*, cargado de tesoros simbólicos, que llega a los hogares en el cambio de año, trayendo bendiciones para el nuevo ciclo. Imágenes de estos dioses son distribuidas, dibujadas, veneradas. No prometen milagros —recuerdan al pueblo que la prosperidad es resultado de la comunión con lo bueno, lo bello, lo justo—.

Las prácticas para atraer y mantener la prosperidad son sencillas, pero cargadas de sentido. Una de ellas es la confección y el uso de *omamori*, amuletos de protección y suerte consagrados en los santuarios. Hay *omamori* específicos para negocios, para exámenes, para contratos, para viajes, para inversiones. Estos pequeños objetos, generalmente hechos de tela, contienen dentro de sí una oración, un nombre de *kami*, una petición. El devoto los lleva consigo con respeto, sin abrir ni violar su integridad, sabiendo que allí reside una fuerza protectora invisible. No son mágicos —son recordatorios de la presencia de los dioses y de la necesidad de actuar con conciencia—.

Otro instrumento simbólico de la prosperidad es la *ema*, la pequeña placa de madera donde los devotos escriben sus deseos. En los santuarios, miles de estas placas se acumulan ante los altares, formando un coro silencioso de aspiraciones humanas: salud, amor, empleo, superación, crecimiento, reconocimiento. Cada petición se hace con humildad. La escritura se convierte en gesto ritual. Y el *kami*, aunque en silencio, acoge el deseo. No promete cumplirlo —promete escucharlo—. Y en ese escuchar, ya hay bendición.

También hay rituales específicos para negocios. Al abrir una tienda, una empresa o un nuevo emprendimiento, muchos japoneses realizan ceremonias de purificación y consagración. Se invita a un sacerdote, el espacio se limpia simbólicamente con ramas, campanas, agua y palabras sagradas. El ambiente se convierte en campo fértil para el éxito. Y quien allí trabaja, pasa a actuar con más responsabilidad, más cuidado, más devoción. El espacio deja de ser solo comercial. Se convierte en extensión del templo. Y el trabajo, como ya se vio, se transforma en ofrenda continua.

En los festivales, la prosperidad también se celebra. Durante el *Tōka Ebisu*, por ejemplo, los comerciantes agradecen a *Ebisu*, uno de los siete dioses de la suerte, por un año de buenos negocios. Reciben ramas de bambú decoradas con monedas, pequeños barcos, peces y otros símbolos de abundancia. Esas ramas son llevadas a casa o a la tienda, donde permanecen durante todo el año. No son amuletos supersticiosos —son recordatorios constantes de que la prosperidad es don y responsabilidad—. Y al final del ciclo, son devueltos al templo, quemados en rito colectivo, y sustituidos por nuevos, simbolizando renovación.

Es importante comprender que, en el Shinto, la prosperidad nunca es aislada. Es siempre relacional. No se desea riqueza solo para sí mismo —se desea que beneficie a la familia, la comunidad, el entorno—. La fortuna que excluye es vista como desequilibrio. La abundancia que se acumula sin compartir atrae el aislamiento y la pérdida del sentido. Por eso, el culto a los *kami* de la suerte está siempre ligado a valores como gratitud, cooperación y reverencia. Recibir es bueno. Compartir es mejor. Y ese espíritu es lo que mantiene la energía fluida.

La práctica constante de la gratitud es una de las formas más poderosas de mantener la prosperidad. No se agradece solo cuando algo se conquista. Se agradece siempre: por la mañana, por un día más; antes de las comidas, por el alimento; al final de la jornada, por el esfuerzo concluido; al final de un ciclo, por los aprendizajes recibidos. La gratitud alinea el espíritu. Y un espíritu alineado es un imán natural de bendiciones.

En las casas, esta espiritualidad de la abundancia también se manifiesta. El *kamidana*, el altar doméstico, se convierte en espacio para agradecer por las ganancias, ofrecer los frutos del trabajo, pedir orientación. Muchas familias japonesas mantienen la costumbre de colocar parte del primer arroz cosechado o comprado ante el altar, simbolizando que aquello que alimenta el cuerpo también nutre la relación con los dioses. Nada se posee solo. Todo es dado. Y lo que es dado, debe ser cuidado.

En tiempos de crisis, el Shinto ofrece serenidad. Enseña que los ciclos cambian, que la escasez puede ser parte del camino, que lo importante es mantener el corazón puro. Prosperidad no es ausencia de desafíos —es capacidad de mantenerse íntegro ante ellos—. Y la fe en el retorno del equilibrio es lo que sostiene al devoto en momentos difíciles. Los *kami* no abandonan. Observan. Esperan que el corazón reencuentre su centro.

El Camino de la Prosperidad, entonces, es un recorrido interior antes de ser exterior. Es una forma de vivir, de pensar, de actuar. No se trata de rituales mágicos para atraer fortuna, sino de una postura existencial basada en la armonía. Cuando el ser humano vive con respeto, trabaja con dedicación, comparte con generosidad, celebra con alegría y agradece con sinceridad, se convierte en canal de abundancia. Y donde él está, la vida florece.

El florecimiento de la vida, en este contexto, no es solo consecuencia de una conducta ética, sino expresión de un vínculo vivo entre lo humano y lo sagrado. Ese vínculo se construye en lo cotidiano —en el cuidado de los detalles, en la intención que permea cada acción, en la delicadeza de un gesto—. Prosperar, entonces, es también mantenerse sensible a las manifestaciones sutiles de lo divino: el olor del incienso que sube a los cielos, la brisa que mece las ramas del *sakaki*, el sonido de las oraciones compartidas al unísono. Todo esto constituye el paisaje vivo donde la abundancia se vuelve posible. Porque, cuando se vive con reverencia, la realidad se transforma —y lo común revela su sacralidad—.

Es en ese campo fértil, construido por actitudes de respeto y comunión, que los frutos de la prosperidad se vuelven duraderos. No hay espacio para la prisa, para la acumulación vacía o para la obsesión por el rendimiento. El Camino de los Kami enseña que lo que llega rápido, se va rápido; que lo que es verdadero madura con el tiempo, como el arroz en los campos. La vida próspera es aquella que respeta los tiempos, que honra los procesos, que acoge tanto los inviernos como las primaveras. La espiritualidad sintoísta apunta, así, a una riqueza que no se agota —sino que se renueva continuamente, cuanto más se comparte—.

Así, seguir por el Camino de la Prosperidad es aceptar la invitación a vivir de forma plena, no por metas que alcanzar, sino por estados que cultivar. El devoto no busca garantizar su futuro con promesas o contratos divinos, sino que camina lado a lado con los dioses, con confianza y apertura. Sabe que, mientras haya gratitud en su corazón, reverencia en sus actos y generosidad en su viaje, la abundancia lo acompañará —como la sombra sigue al cuerpo al sol—.

Capítulo 22
Círculo de las Estaciones

El tiempo, en el Shinto, no es línea recta. Es ciclo. Es espiral viva que se renueva a cada estación, a cada luna, a cada nacimiento y cada muerte. El tiempo no avanza —gira—. Y en ese giro eterno, el ser humano encuentra la oportunidad de reconectarse, de purificarse, de recomenzar. Las estaciones del año no son solo divisiones climáticas —son expresiones de los *kami*, manifestaciones rítmicas de la presencia divina en la tierra—. Y quien aprende a leer las señales de la naturaleza, aprende a vivir en armonía con lo que es invisible a los ojos, pero palpable al corazón.

En Japón, donde el Shinto floreció, las estaciones son intensas, distintas, claras en sus señales. La primavera trae el perfume efímero de los cerezos. El verano carga el peso vibrante de la vida en expansión. El otoño pinta las hojas de rojo, dorado y silencio. El invierno cubre la tierra de blanco y recogimiento. Cada ciclo, con su belleza única, ofrece lecciones espirituales profundas. Y los ritos sintoístas acompañan este ritmo, no solo por tradición, sino porque saben: el *kami* habla con la tierra, y quien escucha a la tierra, escucha al *kami*.

En primavera, se celebra el despertar. La vida retorna con suavidad y fuerza. Los cerezos florecen por pocos días —y es en ese breve instante que se revela la enseñanza de la impermanencia—. La belleza no está en lo que dura, sino en lo que es intensamente vivido. Los festivales como el *Haru Matsuri* llenan los santuarios de colores y risas. Familias y amigos se reúnen bajo los árboles en flor, no solo para celebrar la naturaleza, sino para celebrar el milagro de la renovación. El florecer de las *sakura* es saludo de los dioses. Es bendición visible. Y al sentarse bajo su sombra, el devoto contempla no solo el árbol —contempla la propia alma que florece—.

El verano trae el calor y la intensidad. Los campos se llenan de vida. El trabajo es arduo, pero el espíritu se expande. Los *matsuri* toman las calles. Los *kami* son llevados en procesiones. Tambores resuenan como latidos del corazón colectivo. Las danzas, las ofrendas, los farolillos flotantes en el río —todo es movimiento, todo es invocación—. En el calor del verano, el ser humano reencuentra su fuerza vital. Y los ritos celebran esa potencia. El sudor se convierte en ofrenda. La música, en oración. La noche iluminada por farolillos no es solo fiesta —es comunión—.

En otoño, el ritmo desacelera. Las hojas caen como recuerdo de que todo retorna a la tierra. Se realiza la cosecha. Los granos se reúnen con gratitud. Es tiempo de agradecer, de recogerse un poco, de mirar hacia adentro. Los festivales otoñales, como los ritos de ofrenda de arroz nuevo, son silenciosos en su profundidad. Las ofrendas no se hacen con petición —sino con gratitud—. El cuerpo se calma. El corazón se aquieta. Y el espíritu se prepara para el recogimiento. En el rojo de las hojas, el *kami* pinta su despedida. No como fin —sino como transformación—.

El invierno, con su silencio, es tiempo de purificación. El paisaje se vuelve blanco. Los sonidos se amortiguan. Los pasos son lentos. Y el devoto entra en estado de escucha. Los rituales de inicio de año, como el *Hatsumōde*, invitan a la renovación. Los santuarios se llenan de plegarias para el nuevo ciclo. E incluso bajo la nieve, el *torii* permanece firme, como señal de que lo sagrado nunca se ausenta. El frío no es castigo —es invitación a la interioridad—. Y quien se permite silenciar, oye más. Siente más. Se convierte en suelo fértil para lo que vendrá.

Pero el tiempo, en el Shinto, no se limita a las estaciones. También está marcado por la luna, por los ciclos agrícolas, por los ritos de la vida. El calendario ritual japonés entrelaza lo solar y lo lunar con fluidez. Y cada fecha es un puente entre lo cotidiano y lo sagrado. Los festivales no son fijos solo en el calendario —son fijos en el ritmo de la tierra—. Celebran el sembrar, el brotar, el crecer, el cosechar. Y al hacer esto, el pueblo reafirma su conexión con la vida.

El practicante sintoísta aprende a mirar el cielo y el campo como quien lee un texto sagrado. La nube que pasa, el viento que cambia, la flor que desabrocha, el pájaro que retorna —todo es lenguaje—. Todo es señal. Y el alma, afinada con ese ritmo, sabe qué hacer. Sabe cuándo actuar, cuándo recogerse, cuándo ofrecer, cuándo agradecer. La vida deja de ser lucha contra el tiempo —se convierte en danza con él—.

La armonía con los ciclos naturales no es solo poética. Es fuente de salud, de equilibrio emocional, de sabiduría práctica. Quien vive en desacuerdo con las estaciones, enferma. Quien ignora las señales de la tierra, se pierde. El Shinto enseña que respetar los ciclos es respetar la propia esencia. El cuerpo humano está hecho de agua, de viento, de tierra. Y todo lo que afecta a la naturaleza, afecta también al espíritu. Por eso, los ritos de purificación no son solo simbólicos —son reales—. Ayudan a deshacer la acumulación de lo que ya no es necesario. Limpian el polvo invisible del alma.

Cada estación también invita a una virtud. La primavera enseña levedad. El verano, coraje. El otoño, gratitud. El invierno, sabiduría. Quien observa la naturaleza, aprende sin esfuerzo. Y quien vive en consonancia con ella, camina con los dioses. El *torii*, la campana, el altar, todo eso es importante. Pero el viento, la flor, el frío y el calor también son altares vivos. Y el devoto sabe: donde hay vida, hay *kami*.

Esta conciencia cíclica del tiempo ayuda a disolver la ansiedad. No hay prisa donde hay ritmo. No hay desesperación donde hay renovación. El error cometido puede ser purificado. El ciclo que se cierra dará lugar a otro. Lo que parece pérdida es preparación para lo nuevo. La confianza en el flujo de la existencia es una de las mayores ofrendas que se puede hacer a los dioses. Y es esa confianza la que permite al ser humano vivir con belleza, incluso ante la impermanencia.

En el Shinto, vivir es estar en relación. Con el otro. Con la naturaleza. Con los ancestros. Con los dioses. Y todos esos vínculos se tejen en el tiempo. El tiempo no es enemigo —es aliado—. No se lleva —transforma—. Y quien entiende esto, se transforma junto. Con serenidad. Con reverencia. Con espíritu despierto.

Vivir dentro de este ritmo es permitir que el propio corazón lata al compás de la tierra, como tambor que resuena la música de los cielos. Cada estación, más que un escenario, es una maestra silenciosa que invita al ser humano a observarse, a revisarse, a recrearse. En el desabrochar de la flor o en la caída de una hoja, hay siempre una llamada sutil a la conciencia: nada es permanente, pero todo es precioso. La eternidad no está en lo que permanece igual, sino en lo que se transforma con gracia. Y así, el tiempo deja de ser peso y se convierte en melodía —una canción que conduce el alma de vuelta a lo esencial—.

Esta sabiduría de los ciclos no exige erudición, solo presencia. El simple acto de cosechar una fruta en su tiempo, de silenciar ante el frío, de agradecer por la lluvia o por la cosecha, se convierte en práctica espiritual. La naturaleza enseña sin palabras, y el Shinto invita a escucharla con el cuerpo entero. Al reconocerse parte de este todo pulsante, el ser humano encuentra su lugar —no como dominador de la tierra, sino como vínculo sensible entre lo visible y lo invisible—. Y esa pertenencia cura. Cura el exceso, la prisa, la desconexión. Enseña a caminar más despacio, más entero, más verdadero.

Seguir el Círculo de las Estaciones es, por lo tanto, aceptar la danza sagrada del tiempo con humildad y alegría. Es reconocer que hay un momento para cada cosa, y que cada momento lleva su propia bendición. En ese compás fluido, el devoto se deshace de la rigidez y acoge la impermanencia como expresión de la propia belleza de la vida. Y entonces, vivir se convierte en ofrenda. Estar presente se convierte en oración. Y el tiempo, antes temido como pasaje, se revela camino de retorno a lo que es más íntimo y divino.

Capítulo 23
Santuarios en el Exterior

Los *kami* no conocen fronteras. No están atados a un territorio, ni limitados por nacionalidad o idioma. Donde haya respeto, pureza, gratitud y sinceridad, allí su espíritu puede manifestarse. Y es por eso que, incluso fuera de Japón, el Shinto permanece vivo. En comunidades distantes, en continentes diversos, en ciudades que quizá jamás hayan visto un cerezo, surgen los santuarios —discretos, silenciosos, pero cargados de la misma fuerza ancestral que pulsa en los *jinja* de Japón—. El culto a los *kami* atravesó océanos, atravesó el tiempo, y hoy florece donde menos se espera.

La expansión del Shinto más allá de Japón no fue un proyecto misionero, ni parte de una estrategia de conversión. Sucedió a causa de las personas. A causa de los inmigrantes que, al dejar sus tierras, llevaron consigo sus valores, sus ritos, sus amuletos, sus dioses. Al llegar a Brasil, a Estados Unidos, a Perú, a Argentina, a Hawái, a Canadá, y a tantos otros lugares, estas personas encontraron nuevas tierras, nuevas culturas, pero no abandonaron sus raíces espirituales. Y donde se establecían, creaban espacio para lo sagrado.

En Brasil, por ejemplo, la presencia de santuarios sintoístas se remonta a la primera mitad del siglo XX, especialmente en las regiones con gran concentración de inmigrantes japoneses, como São Paulo, Paraná y el interior del país. El más conocido es el *Jinja Kaikan*, ubicado en la zona sur de São Paulo, que alberga el Templo Sintoísta Brasil-Japón, consagrado en 2015 con la presencia de sacerdotes venidos directamente de Japón. Allí, los ritos se conducen con la misma precisión y reverencia observadas en los templos japoneses. Hay espacio para el *misogi*, para las plegarias, para la ofrenda de *sakaki*, para los ritos de purificación, para la presencia viva de los *kami* en suelo brasileño.

En cada uno de estos espacios, hay algo que permanece inalterado: el *torii*. La estructura roja o anaranjada, erguida incluso en medio de edificios modernos o campos tropicales, continúa marcando el umbral entre el mundo profano y el sagrado. Pasar por él es el mismo gesto simbólico, ya sea en Tokio o en São Paulo, ya sea al pie del Monte Fuji o a las orillas del Río Tietê. El devoto se inclina, da palmadas, reverencia, y el mundo cambia. No importa dónde esté el cuerpo —el espíritu retorna al eje—.

Los santuarios fuera de Japón siguen el mismo calendario ritual. Realizan el *Hatsumōde*, la primera visita del año; organizan el *Shichi-Go-San*, los ritos para los niños; celebran los *matsuri* con danzas, músicas y alimentos tradicionales. Incluso con adaptaciones culturales inevitables, el espíritu de los ritos se preserva. Porque lo esencial no está en la forma, sino en la sinceridad. Y esa sinceridad no depende de la geografía. Es universal.

Sacerdotes entrenados en Japón, reconocidos oficialmente por las instituciones sintoístas, han actuado en diversos países. Algunos son descendientes directos de inmigrantes. Otros son extranjeros que, con devoción profunda, se dedicaron a estudiar, practicar y servir. Se convirtieron en puentes entre culturas. Se convirtieron en canales para la continuidad de una tradición que, aunque profundamente arraigada en la tierra japonesa, tiene vocación para el mundo. Porque los *kami* hablan al corazón humano, y ese corazón no tiene nacionalidad.

En Estados Unidos, hay santuarios en lugares como Hawái y California. En Perú, la tradición floreció entre comunidades nipo-peruanas, muchas de las cuales mantienen prácticas devocionales en casa o en centros comunitarios. En Canadá, en Argentina, en México, hay familias que mantienen *kamidana*, que hacen plegarias diarias, que celebran festivales locales adaptados al calendario sintoísta. La llama permanece encendida. Y el *kami*, sensible a la reverencia, permanece presente.

Lo que se observa en estos contextos es la capacidad del Shinto de adaptarse sin corromperse. Se acomoda al nuevo suelo, pero mantiene su esencia. Acoge a nuevos practicantes sin exigir renuncia a otras creencias. Reconoce que la espiritualidad es vivencia, no filiación. Y es por eso que personas no descendientes de japoneses han encontrado en este camino una fuente de sentido, una práctica silenciosa de conexión con lo divino, una forma de habitar el mundo con más levedad y atención.

El Shinto, vivido fuera de Japón, desafía las nociones rígidas de religión. No impone bautismos, no exige juramentos, no prohíbe otros caminos. Solo invita. Invita a la pureza. Invita al silencio. Invita al respeto por la naturaleza, por la vida, por los ciclos. Y quien responde a esta invitación, ya sea en Tokio, en Buenos Aires, en Londres o Nairobi, se convierte en parte del mismo flujo.

Las dificultades existen. La distancia cultural, la escasez de sacerdotes, el desconocimiento general sobre el Shinto, el prejuicio religioso. Pero estos obstáculos no impiden que los *kami* se manifiesten. Donde hay sinceridad, permanecen. Donde hay cuidado del espacio, del tiempo, del otro, descienden. Donde hay corazón limpio y presencia despierta, danzan. Aunque no haya *torii*. Aunque no haya altar. Aunque la ofrenda sea un gesto, una palabra, un silencio.

La naturaleza, siendo la principal morada de los *kami*, está presente en todos los rincones del planeta. El monte Fuji no está en Brasil, pero hay montañas que albergan el mismo silencio. El mar de Okinawa no baña Perú, pero las olas del Pacífico susurran los mismos mensajes. El bosque japonés no crece en Canadá, pero los bosques de pinos y robles esconden los mismos susurros. Y quien camina por estos paisajes con espíritu de reverencia, camina con los *kami*.

El santuario en el exterior no es solo construcción física. Es símbolo de continuidad. Es cuerpo de una tradición viva. Es espejo del compromiso que un pueblo tiene con su alma. Y más aún: es puente entre mundos. Entre Japón y el país donde se erige. Entre la cultura ancestral y el presente multicultural. Entre lo visible y lo invisible. Entre lo humano y lo divino.

Este puente no se construye solo con madera, piedra o papel de arroz —se hace de gestos cotidianos, de memorias compartidas, de silencio respetuoso ante el altar improvisado en una estantería, en un jardín, en un rincón de la sala—. La espiritualidad sintoísta florece donde haya cuidado de lo invisible, y cada santuario en el exterior, por menor que sea, es una extensión del espíritu japonés que vive no solo en la estética, sino en la ética de la reverencia. El sonido de la campana que resuena en São Paulo o en Vancouver no replica a Japón —revela que lo sagrado es un lenguaje común, comprendido por todos los que se aproximan con el corazón abierto—.

En estos espacios transnacionales, el Shinto asume una función aún más amplia: se convierte en puente de reconciliación con la tierra donde se vive, sea cual sea. Los ritos conectan la espiritualidad ancestral con los vientos, aguas y bosques locales, creando raíces simbólicas que respetan el suelo nuevo sin olvidar el antiguo. Es una espiritualidad del encuentro. No hay exigencia de pertenencia étnica, ni tampoco de exclusividad. Hay, sí, una invitación a la escucha. Una llamada a la presencia. Y en esa convivencia, surgen prácticas híbridas, creativas y profundas, que enriquecen tanto la cultura local como la tradición de los antepasados.

Así, los santuarios fuera de Japón no son vestigios de una identidad perdida, sino señales vivas de una espiritualidad que se renueva con los pasos de los que continúan caminando. Son lugares donde el tiempo desacelera, donde el gesto se convierte en oración, donde la distancia se vuelve proximidad. Y cada uno de ellos —incluso el más modesto, incluso el más aislado— lleva la promesa silenciosa de los *kami*: donde haya respeto, allí también estaremos. Donde haya belleza, allí floreceremos. Donde haya gratitud, allí nos haremos presentes.

Capítulo 24
Conversión Silenciosa

En el Shinto, no hay puerta que se cierre ni ritual que se imponga. Aquel que se aproxima a los *kami* no necesita declarar nada, abandonar nada, probar nada. Basta vivir con reverencia. Basta cultivar la pureza, la gratitud, el respeto por la vida y por lo invisible. Y así, sin anuncios, sin iniciaciones formales, sin promesas u obligaciones, el corazón del practicante se alinea con el ritmo de los dioses. La conversión, en este camino, no es ruptura —es silencio—. No es juramento —es práctica—. Y no es identidad —es sintonía—.

A diferencia de las religiones institucionales que se estructuran en torno a dogmas, códigos, afiliaciones y credos, el Shinto нe exige exclusividad. No niega otras creencias, no combate otras tradiciones, no exige renuncia. No es religión de pertenencia, sino de presencia. La persona puede ser cristiana, budista, musulmana, atea —y aun así, encontrar en el Shinto un modo de vivir con más sentido—. Porque lo que ofrece no es una verdad cerrada. Es un modo de estar en el mundo con levedad, sensibilidad y armonía.

Esta apertura hace del Shinto una espiritualidad discreta. No busca fieles. Acoge caminantes. Aquellos que se aproximan lo hacen porque algo los llama: el silencio de un santuario, el gesto de dar palmadas, el sonido de una campana, la belleza del *torii*, la simplicidad de una ofrenda. Y al reproducir estos gestos con sinceridad, ya están viviendo el camino. La conversión no es un acto —es un proceso—. Y ese proceso comienza en el instante en que la persona percibe que hay *kami* en todo, y decide vivir a la altura de esa percepción.

El interesado que desea aproximarse al Shinto comienza por la práctica. No hay libros obligatorios, ni doctrinas que memorizar. El primer paso puede ser montar un pequeño *kamidana* —un altar doméstico— donde se ofrezcan oraciones y gestos simples de reverencia. Se puede adquirir un *ofuda* consagrado en un santuario, disponer flores, agua, arroz, sake. Se puede guardar silencio ante ese espacio todos los días, con o sin palabras, pero siempre con *magokoro* —el corazón verdadero—. Ese altar no es símbolo de posesión. Es recuerdo de la presencia.

Además del altar, la persona puede incorporar a su rutina prácticas de purificación. Lavar las manos y la boca antes de una oración. Limpiar la casa con intención espiritual. Practicar el *misogi* de forma adaptada —un baño matutino consciente, por ejemplo—. Realizar agradecimientos antes de las comidas. Prestar atención a la naturaleza. Visitar árboles, ríos, montañas, con respeto. Escuchar el viento. Pararse ante el amanecer. Son gestos pequeños, pero profundamente transformadores. Porque el Shinto se manifiesta en lo cotidiano. No en los discursos, sino en las elecciones silenciosas.

Con el tiempo, se pueden visitar santuarios, participar en *matsuri*, aprender las oraciones formales —los *norito*—, conocer los diferentes tipos de *kami* y establecer afinidad con algunos de ellos. Se pueden estudiar los mitos, sumergirse en las enseñanzas simbólicas del *Kojiki* y del *Nihon Shoki*, entender el origen de la tierra, el papel de los dioses creadores, los ciclos de luz y sombra, orden y caos. Cada mito es un espejo. Cada rito es un espejo. Y quien se mira con verdad en esos espejos comienza a percibir que lo sagrado ya está en sí mismo.

El Shinto reconoce que no es preciso renacer para vivir con los *kami*. Basta abrir los ojos. Basta limpiar la mente. Basta alinear el gesto con la intención. Y por eso, no hay necesidad de ceremonias de iniciación. No hay autoridad que conceda un título. La autoridad mayor es el propio *kami* —y él se revela en el silencio interior—. Si el corazón está puro, acoge. Si el alma está presente, permanece. Y no hay intermediarios obligatorios entre el practicante y lo divino.

Existen, sí, sacerdotes y sacerdotisas. Hay ritos oficiales. Hay estructuras tradicionales. Pero el acceso al *kami* no está condicionado a eso. La jerarquía existe, pero no para controlar —sino para servir—. El sacerdote es guardián del rito. La *miko* es canal del gesto ritual. Pero el practicante común, incluso sin formación, incluso sin descendencia japonesa, puede vivir el Shinto de forma plena. Siempre que haya sinceridad. Siempre que haya respeto. Siempre que haya cuidado de la belleza, del orden, del silencio, del espacio.

Y es precisamente este carácter no institucionalizado lo que convierte la conversión en una experiencia íntima, muchas veces invisible a los ojos de los otros. Nadie sabe, excepto quien lo vive. El vecino no percibe. La familia no nota. Pero algo cambia. La manera de caminar. El modo de sentarse. La forma de lavar la loza. La atención a los detalles. El cuidado de los objetos. La gratitud que brota incluso en días difíciles. La levedad que se instala en la mirada. Todo eso es señal de que la presencia de los *kami* ya ha encontrado morada.

En países donde el Shinto es poco conocido, esta conversión silenciosa puede parecer solitaria. Pero nunca lo es. Porque los *kami* acompañan. No necesitan multitudes para manifestarse. Reconocen el gesto pequeño hecho con corazón entero. Y donde hay ese gesto, allí el espacio se ilumina. Allí la persona se transforma. Allí el mundo se alinea.

Es posible, para quien desea profundizar, entrar en contacto con santuarios fuera de Japón, participar en encuentros, cursos, ceremonias públicas. Muchos templos ofrecen instrucciones, materiales traducidos, acogida respetuosa. Pero nada de esto es obligatorio. Es solo herramienta. Lo esencial está en la práctica cotidiana. En el cultivo de la presencia. En la mirada reverente hacia la naturaleza. En el respeto a los ancestros. En la búsqueda de pureza.

No es raro que practicantes de otras tradiciones encuentren en el Shinto un puente, y no una ruptura. Un cristiano puede continuar rezando a Dios, pero aprender a agradecer a la tierra con reverencia sintoísta. Un budista puede continuar meditando, pero encontrar en los ritos sintoístas una expresión complementaria de armonía. Un escéptico puede descubrir, en los gestos silenciosos del Shinto, una espiritualidad que no exige creencia —solo atención—. Y todos ellos, incluso sin renunciar a lo que son, pueden caminar con los *kami*.

Esta convivencia de caminos, lejos de debilitar el Shinto, revela su fuerza más delicada: la de ser presencia que se encaja, que acoge sin exigir, que transforma sin violencia. La conversión silenciosa es, en verdad, una escucha profunda. Escucha de la propia alma, escucha de la naturaleza, escucha de lo que vibra entre las palabras. Y es en esa escucha que los *kami* se aproximan. No hay un día marcado para decir "ahora pertenezco", porque esa pertenencia se siente, no se proclama. El cambio no está en el nombre que se adopta, sino en el modo como se anda por el mundo, como se toca la vida con manos más ligeras y ojos más atentos.

Esa levedad, cuando se cultiva con constancia, va desbordándose hacia todas las esferas de la existencia. Las relaciones se vuelven más respetuosas, el tiempo más sagrado, la rutina menos automática. La espiritualidad, que no exige juramentos ni adhesiones explícitas, pasa a moldear el carácter con sutileza y profundidad. El practicante no "se vuelve sintoísta" —se vuelve cada vez más presente, más afinado con la impermanencia, más sensible a lo que pulsa más allá de la superficie—. Y en esa transformación discreta, el mundo alrededor también cambia: porque donde hay alguien en armonía, hay un campo de armonía siendo sembrado.

Al final, la conversión silenciosa es una flor que desabrocha sin alarde. Su perfume no grita —solo transforma el aire—. Y quien se aproxima, siente. Quizá no sepa nombrar, quizá no reconozca de dónde viene aquella calma, aquel brillo en la mirada, aquel gesto cuidadoso. Pero siente. Y en ese sentir, los *kami* se hacen percibir. No piden aplauso. Piden presencia. Y donde hay un corazón puro que actúa con reverencia, allí el Shinto ya ha florecido —sin necesitar decir que ha llegado—.

Capítulo 25
Sabiduría Ancestral

Las palabras que los dioses pronunciaron, los gestos que hicieron, las elecciones que marcaron los primeros tiempos —todo eso permanece vivo—. En el Shinto, los mitos no son solo narrativas del pasado. Son mapas espirituales, reflejos simbólicos de la realidad invisible, enseñanzas que atraviesan los siglos como semillas lanzadas sobre el suelo fértil de la existencia humana. No son historias para creer o dudar, sino para vivir. Porque cada mito es un espejo, y quien en él se contempla ve revelado no un mundo de dioses distantes, sino la propia alma en movimiento.

El *Kojiki* y el *Nihon Shoki*, textos fundamentales del pensamiento sintoísta, contienen estas historias sagradas. Narran el nacimiento de Japón, de los dioses y de los fenómenos naturales, como si todo estuviera interconectado —y lo está—. Cuando Izanagi e Izanami giraron la lanza sobre el océano primordial y crearon la primera tierra, no estaban solo moldeando islas. Estaban revelando que el mundo nace del gesto sagrado, que la creación es resultado de la armonía entre masculino y femenino, entre acción y receptividad, entre intención y forma. Japón, así, no es territorio profano —es suelo consagrado por la presencia de los *kami* desde su origen—.

El mito del nacimiento de Amaterasu, la diosa del sol, ilumina mucho más que el cielo. Cuando Izanagi, después de descender al mundo de los muertos y purificarse, lava su ojo izquierdo y de él nace la luz, se comprende que la luz no surge sin dolor, que la claridad interior viene después de la inmersión en la oscuridad. Amaterasu es el sol que calienta, que guía, que alimenta, pero también es símbolo de la conciencia despierta, de la nobleza del espíritu, de la sabiduría que se revela cuando se mira con verdad hacia adentro. La reverencia a ella, aún hoy central en el Shinto, es reverencia a la vida iluminada, al camino claro, al centro solar que existe en cada ser.

Pero no hay luz sin sombra, y por eso el mito de Susanoo, hermano de Amaterasu, es tan necesario. Representa la tempestad, el caos, el desorden emocional. Su comportamiento impulsivo, destructivo, instintivo, causa dolor y ruptura. Pero también protege, enfrenta dragones, busca redención. Es el aspecto no domado del alma, que necesita ser integrado.

Cuando Amaterasu se esconde en la cueva por miedo a su hermano, el mundo se sumerge en la oscuridad. Pero su salida es ritual —danza, risa, espejo—. La luz no vuelve por la fuerza —vuelve por la belleza, por el encantamiento, por el reflejo—. Y ese reflejo es uno de los mayores símbolos del Shinto: el espejo sagrado que representa a Amaterasu en tantos santuarios es también símbolo del yo despierto, del alma clara, del corazón verdadero que refleja el cielo.

Esta narrativa enseña que la armonía no es ausencia de conflicto, sino superación de él. Los dioses yerran, pelean, se alejan —pero vuelven—. Y al retornar, restauran el mundo. Este movimiento de ruptura y recomposición es profundamente humano. Es arquetípico. Es universal. Y por eso los mitos sintoístas tocan al lector contemporáneo con tanta fuerza. No son exóticos. Son íntimos. Son retratos del alma en su viaje de autoconocimiento, equilibrio e integración.

La relación entre los dioses y los humanos en los mitos también revela la continuidad entre las esferas. No hay separación rígida. Los ancestros humanos descienden de los *kami*. Los emperadores son herederos espirituales de Amaterasu. Cada ser humano lleva en sí esa chispa divina. Y por eso, vivir con rectitud, con pureza, con sinceridad, es también honrar el linaje espiritual del cual se forma parte. El respeto a los antepasados no es solo homenaje —es reconocimiento de que la vida se sustenta sobre vidas anteriores—. Y que los gestos de hoy resuenan en las generaciones futuras.

Otros mitos revelan la importancia del coraje, la compasión, la verdad interior. La historia de Ōkuninushi, por ejemplo, enseña sobre humildad, sacrificio y sabiduría. Es engañado, sufre, muere, resucita, y al final se convierte en señor del mundo invisible. Su trayectoria está marcada por pruebas y pérdidas, pero también por revelaciones. Es él quien ayuda a los conejos heridos, quien oye las voces del mundo espiritual, quien comprende que el poder verdadero no nace de la imposición, sino de la escucha.

Y en este mito, como en tantos otros, el poder se reconfigura: ser fuerte es ser verdadero. Ser líder es ser servidor del bien común.

La historia de la diosa Uzume, que danza ante la cueva de Amaterasu y la hace reír, es un recordatorio de que la alegría también es sagrada. La risa no es superficial. Cura. Ilumina. Abre puertas. La danza ritual que ella realiza, llamada *kagura*, se convirtió en una de las prácticas más importantes de los santuarios. Porque el cuerpo que danza con belleza se convierte en canal para el *kami*. Y eso el mito ya lo decía. Los cuentos ancestrales no son historias de otros. Son revelaciones sobre cómo vivir mejor, sobre cómo lidiar con la sombra, sobre cómo restaurar la luz.

Estos mitos no se limitan a la infancia o a la formación cultural del pueblo japonés. Continúan vivos porque continúan siendo verdaderos. La persona que los lee con ojos del espíritu percibe que están hablando de ella. Del miedo que paraliza. De la rabia que destruye. Del gesto que cura. Del silencio que acoge. De la presencia que transforma. Y al reconocerse en estas narrativas, reencuentra sentido. Reencuentra dirección.

El Shinto, al preservar estos mitos, no los transforma en dogmas. Los ofrece como paisajes. Cada uno puede recorrerlos a su manera. Puede ver allí lo que necesita ver. Puede cosechar lo que está listo para cosechar. Y al retornar, trae consigo no respuestas, sino preguntas mejores. Porque los mitos no explican — despiertan—.

Leer el *Kojiki*, visitar un santuario, recitar un *norito*, participar en un festival, hacer una ofrenda, todo eso es parte de una misma escucha. El mito habla, pero habla en silencio. No exige fe ciega. Pide sensibilidad. Y quien desarrolla esa sensibilidad comienza a percibir que la vida también está hecha de símbolos. Que el mundo es espejo. Que los dioses continúan susurrando entre los árboles, las nubes, los sueños, los gestos cotidianos.

La sabiduría ancestral del Shinto es ligera, pero profunda. No pesa sobre los hombros. Eleva. No corrige con dureza. Orienta con belleza. Y su fuerza reside precisamente en la ausencia de rigidez. Es una sabiduría que se dobla como bambú, pero no se quiebra. Que se renueva como las estaciones. Que permanece viva porque vive dentro de cada ser que la reconoce.

La continuidad de esta sabiduría no depende solo de la preservación de los textos antiguos, sino del modo como los mitos se arraigan en lo cotidiano. Cuando alguien elige el silencio ante el conflicto, honra a Amaterasu; cuando acoge el caos interior con paciencia, está dialogando con Susanoo. Cuando danza con levedad en medio del dolor, reverbera la osadía curativa de Uzume. Estos ecos mitológicos no se restringen al Japón antiguo —se repiten discretamente en aulas, cocinas, bosques, mercados y templos, por todas partes donde alguien recuerda vivir con conciencia, reverencia y coraje—.

Lo más notable es que esta herencia no exige ser entendida a nivel racional. Penetra por lo sensible, lo simbólico, la experiencia. Un niño que observa el vapor del arroz subiendo ante el altar no necesita comprender los mitos para intuir que hay allí algo sagrado. Un adulto que camina por un bosque y siente un escalofrío silencioso, quizá nunca haya leído el *Kojiki*, pero ya está, de cierta forma, en comunión con los *kami*. La sabiduría ancestral no se impone. Espera. Y cuando el corazón está listo, se revela —no como teoría, sino como reconocimiento—. Como recuerdo. Como reencuentro.

Seguir esta senda es aceptar la invitación a vivir poéticamente. A escuchar las enseñanzas antiguas como si fueran susurros del propio corazón. A percibir que cada gesto simple puede llevar el peso suave de lo sagrado. En este recorrido, no hay maestros a obedecer, solo espejos que contemplar. Y cuanto más clara se vuelve la imagen reflejada, más comprende el practicante: los mitos no cuentan historias de dioses distantes. Muestran caminos para que cada ser humano, con sus propios pasos, encuentre luz incluso en la sombra —y transforme su vida en expresión viva de la sabiduría que nunca muere—.

Capítulo 26
Camino Interior

El Shinto, tan profundamente arraigado en la reverencia a la naturaleza y en las prácticas comunitarias, también contiene en sí un núcleo de silencio. Un núcleo que no se muestra con facilidad, pero que pulsa como centro vivo de toda la tradición. Hay un camino dentro del camino —el camino interior—. Un modo de escuchar que se hace sin palabras, de ver que se hace sin esfuerzo, de sentir que se hace sin poseer. Al lado de los ritos y festivales, al lado de los santuarios y sacerdotes, existe el espacio invisible donde el encuentro con lo divino se da directamente, sin intermediarios. Y ese espacio es el interior del ser.

A diferencia de las tradiciones que desarrollan técnicas formales de meditación, el Shinto ofrece una aproximación espontánea, sensorial, natural a la contemplación. No impone posturas, no dicta métodos. Invita al estar. Al simplemente estar. Estar ante el río, estar bajo el árbol, estar ante la bruma de la mañana, y allí, no como turista del mundo, sino como parte de él, permitir que el silencio revele lo que las palabras no alcanzan. Esta práctica, no sistematizada, no nombrada, es una de las más profundas expresiones del espíritu sintoísta. Porque en ella, el ser humano se retira de sí mismo y, al mismo tiempo, se encuentra.

El *magokoro* —el corazón verdadero— es la clave de este camino. El corazón que no busca impresionar, que no desea probar, que no se inquieta con dudas. Un corazón que simplemente vibra en armonía con lo que es. No se cierra en el análisis. Se abre a la experiencia. Y cuando se alcanza ese estado, aunque sea por breves instantes, el practicante percibe que la separación entre el yo y el mundo es ilusoria. Que el árbol no está allí por casualidad. Que la piedra tiene algo que decir. Que el viento lleva memorias ancestrales. Que el cielo, tan vasto, cabe entero dentro de un instante de presencia.

La introspección en el Shinto no es recogimiento como fuga. Es escucha como modo de ser. Y esa escucha puede darse en cualquier lugar: en la quietud de un bosque sagrado, en el sonido del agua golpeando las rocas, en el canto de las cigarras al atardecer, en la contemplación de un jardín ordenado con simplicidad. No se trata de aislarse del mundo. Se trata de sintonizarse con él en su estado más puro. Por eso, muchas veces el practicante prefiere no decir que está meditando. Está simplemente viviendo con atención. Está simplemente caminando con los ojos abiertos a lo invisible.

La espiritualidad introspectiva del Shinto encuentra expresión en prácticas como la visita silenciosa a los santuarios. No hay necesidad de pedir. No hay necesidad de hablar. El simple gesto de caminar hacia el *torii*, de pasar por él con conciencia, de purificar las manos y la boca con el agua fresca, de inclinarse ante el altar, de dar dos palmadas y silenciar —todo eso ya es meditación—. Ya es oración. Ya es comunión. El cuerpo se convierte en rito. El silencio se convierte en palabra. Y el espacio se ilumina, no con velas o incienso, sino con la presencia real de lo que es sagrado.

Algunos practicantes desarrollan rutinas personales de contemplación. Se despiertan temprano para saludar al sol. No con fórmulas. Con presencia. Miran al cielo, sienten la brisa, ponen los pies en el suelo aún húmedo. Guardan silencio por un minuto, por tres, por siete. Y en ese tiempo corto y eterno, sintonizan con lo que los dioses están diciendo aquel día. Otros prefieren el atardecer. Se sientan a la sombra de un árbol, observan los cambios de luz, acompañan la respiración. No hay mantra. No hay deseo. Solo hay escucha.

Cuidar del espacio también es una práctica interior. Se barre el suelo como quien limpia el propio espíritu. Se ordena la mesa como quien prepara un altar. Se lava la loza como quien realiza un ritual de purificación. El orden externo repercute en el orden interno. La estética se transforma en ética. Y lo bello, cuando se vive con simplicidad, revela el camino de lo sagrado. El hogar se convierte en templo. La rutina se convierte en rito. Y el devoto percibe que no necesita ir lejos para encontrar a los dioses. Porque ya están allí, habitando cada gesto hecho con intención.

Este modo de vida introspectivo se refleja en la arquitectura de los santuarios, en la disposición de los jardines, en la organización de las aldeas tradicionales. Nada grita. Nada exhibe. Todo acoge. Todo susurra. El espacio invita a la pausa. A la respiración. A la presencia. E incluso quien no conoce los ritos, incluso quien no entiende los símbolos, se siente tocado por esa atmósfera. Porque lo sagrado, cuando es real, no exige traducción. Toca el corazón de quien está atento. Y la atención es la puerta del camino interior.

En las montañas de Japón, hay lugares de retiro donde monjes y practicantes del Shinto buscan ese contacto más profundo con la naturaleza y con el propio espíritu. Caminan en silencio. Duermen bajo las estrellas. Se bebe agua de las fuentes como si fuera vino divino. Se come con reverencia. No por obligación. Sino porque la vida se percibe como don. Y cuando se vive así, la comida no es solo alimento —es dádiva—. La noche no es solo ausencia de luz —es inmersión—. El frío no es solo clima —es lección—.

El Shinto, incluso sin formalizar métodos meditativos como el *zazen* del budismo, enseña una forma de atención que transforma. Y esa atención comienza por el cuerpo. Por la respiración. Por la forma de caminar. Por el modo de sentarse. Por el cuidado con lo que se toca. El cuerpo, cuando desacelerado, cuando vivido con conciencia, se convierte en instrumento de revelación. Y el devoto aprende, poco a poco, que lo que se busca está siempre más cerca de lo que se imagina.

El camino interior es, por eso, el más accesible y el más exigente. No necesita ritos grandiosos, pero exige presencia real. No requiere conocimiento profundo, pero requiere verdad. No impone dogmas, pero invita a la escucha constante. Y quien acepta esta invitación, aunque sea una vez al día, aunque sea por pocos minutos, descubre que los *kami* hablan en silencio. Que el universo tiene su lenguaje. Que el alma, cuando oye, encuentra paz.

Esta dimensión contemplativa es esencial para el equilibrio de la vida moderna. En medio del ruido, la prisa, el exceso de estímulos, el Shinto propone la pausa. No para huir del mundo, sino para reencontrarse en él. El practicante que vive con atención a los ciclos de la naturaleza, con gratitud por las pequeñas cosas, con respeto por los ritmos internos, se transforma en presencia. Y su presencia, por sí sola, ya es ofrenda. Ya es plegaria. Ya es puente entre mundos.

En los caminos silenciosos del Shinto, la vida cotidiana se revela como una sucesión de portales sagrados. Cada gesto, cada mirada atenta, cada instante de presencia plena, se convierte en una oportunidad de reverencia. No hay necesidad de buscar fuera lo que pulsa dentro: los *kami*, que habitan árboles, piedras y fuentes, también habitan el soplo del ahora. Y así, cultivar la interioridad no es alejarse de la vida, sino profundizar en ella —sentir que lo simple puede ser sagrado, que lo ordinario contiene lo extraordinario, y que la escucha verdadera transforma hasta el más banal de los momentos en comunión viva—.

Esta conciencia se extiende más allá del individuo, irradiándose en los vínculos con los otros y con el mundo. El cuidado del ambiente, la gentileza en los gestos, el respeto por el tiempo de las cosas: todo pasa a ser expresión de este camino interior. Y lo que antes parecía trivial —barrer un suelo, preparar un té, encender un farol— adquiere una densidad espiritual. El silencio deja de ser ausencia de sonido para convertirse en presencia densa, viva, receptiva. Como una superficie de agua tranquila, refleja no solo el cielo, sino también los sentimientos más profundos, que solo se revelan cuando no hay prisa.

En ese estado de atención simple y sincera, el devoto percibe que el camino interior no conduce a otro lugar, sino que profundiza el lugar donde se está. El viaje espiritual no es una escalera hacia lo alto, sino una inmersión en el presente. Y allí, en el centro del ahora, entre el dar palmadas y el sonido del viento, entre el toque del agua fresca y la mirada al cielo de la mañana, el alma reconoce que ya está en casa. No hay separación entre lo sagrado y lo cotidiano. Hay solo presencia.

Capítulo 27
Belleza como Camino

Hay una delicadeza esencial que impregna cada aspecto del Shinto. No es ostentación, no es artificio. Es una belleza contenida, casi invisible, pero absolutamente presente. Un gesto leve al disponer una flor en el altar. La forma como un *torii* se eleva contra el cielo. La curva de un tejado que acompaña el contorno de las nubes. La disposición de las piedras en un jardín donde cada elemento parece haber encontrado su lugar por sí solo. Esta belleza, tan discreta y tan poderosa, no es solo un reflejo estético —es una senda espiritual—. En el Shinto, la belleza es camino. Camino hacia lo sagrado, camino hacia el corazón, camino hacia la presencia de los *kami*.

Esta percepción de la belleza como experiencia espiritual está profundamente arraigada en la sensibilidad japonesa, especialmente en la idea de *wabi-sabi*. *Wabi* es la simplicidad modesta, la elegancia de lo esencial, el contentamiento con lo que es. *Sabi* es la belleza del paso del tiempo, la aceptación de la imperfección, el valor de la transitoriedad. Juntos, forman una estética que celebra lo que está inacabado, lo que está envejecido, lo que se transforma. Una taza agrietada, una madera gastada, una hoja caída sobre una piedra —todo eso, cuando se observa con reverencia, se convierte en espejo de lo divino—.

El Shinto no separa lo bello de lo sagrado. Lo que es bello, cuando se vive con pureza, es automáticamente expresión de la presencia divina. Y por eso, los espacios sagrados no se imponen. Se integran. Un santuario no se construye para dominar el paisaje, sino para conversar con él. El camino que lleva hasta él está rodeado de árboles, el sonido del viento es parte de la liturgia, la luz filtrada por las hojas se convierte en iluminación natural. La naturaleza no es marco —es cuerpo del templo—. Y la belleza que se revela allí no es fabricada. Es revelada.

Vivir el Shinto es aprender a percibir esa belleza. Es volverse sensible a lo invisible. Es desacelerar la mirada, limpiar la mente, permitir que el mundo se presente sin interferencia. Y ese aprendizaje no exige conocimiento técnico. Exige atención. La flor que desabrocha en el camino al trabajo. El arreglo sutil de utensilios sobre la mesa. El modo como la sombra se proyecta sobre el tatami al atardecer. Nada es banal. Todo es manifestación. Y quien ve con ojos de ofrenda transforma cada instante en culto.

Lo cotidiano, así, se convierte en territorio de expresión estética y espiritual. Ordenar la casa con cuidado. Limpiar un rincón olvidado con celo. Elegir un objeto con intención. Mantener un espacio ordenado. Preparar una comida con atención a los detalles. Vestirse con sobriedad y belleza. Todo eso, cuando se hace con *magokoro*, es culto. Es forma de entrar en sintonía con el flujo de los *kami*. Porque los dioses no exigen templos de mármol. Se sienten a gusto donde hay armonía.

Esa armonía no es uniforme. No excluye lo irregular. Al contrario, el *wabi-sabi* enseña que es precisamente en la asimetría, en la impermanencia, en la rusticidad, que la belleza florece con más verdad. La hoja que cae marca el tiempo. El musgo que cubre la piedra revela el silencio de los días. La casa antigua que cruje al viento habla de vidas que allí pasaron. El Shinto honra ese tiempo. Honra esa memoria. Honra lo que envejece con dignidad. Porque lo que lleva historia lleva espíritu. Y donde hay espíritu, hay *kami*.

Los rituales, incluso los más simples, están impregnados por esta estética de la reverencia. El altar no es un montón de símbolos —es espacio limpio, aireado, equilibrado—. Un jarrón con agua, una rama de *sakaki*, un cuenco con arroz, una vela, quizá un incienso. Nada sobra. Nada falta. El espacio entre los objetos es tan importante como los propios objetos. Y esa atención a la forma educa el espíritu. Enseña que el exceso perturba. Que el ruido aleja. Que la belleza necesita silencio para revelarse.

En las ceremonias mayores, esta estética se amplifica. Las ropas de los sacerdotes, los gestos coreografiados, los instrumentos musicales, los movimientos de las *miko* —todo es danza—. Todo es cuidado. No hay prisa. No hay distracción. El tiempo se extiende. La mente se aquieta. Y el cuerpo se convierte en vehículo de lo sagrado. La belleza, aquí, нe es espectáculo. Es medio de conexión. No sirve para encantar los ojos. Sirve para abrir el corazón.

Incluso la escritura de los *norito*, las oraciones formales, sigue este principio. Son palabras poéticas, rítmicas, casi musicales. Se dicen con voz calma, continua, envolvente. El sonido tiene peso. El silencio entre los sonidos tiene profundidad. El sentido no está solo en el contenido —está en la forma—. Y esa forma, vivida con sinceridad, crea un campo de presencia. El *kami* oye. El practicante siente. La armonía se establece.

En el hogar, esta sensibilidad se manifiesta en los gestos pequeños. La manera como se coloca una flor en el *genkan*, la entrada de la casa. La forma como se organiza la cocina. La disposición de los objetos en el *kamidana*. El cuidado con la limpieza. La elección de los utensilios. Nada es neutro. Todo comunica. Todo vibra. Y cuando el ambiente vibra en armonía, el alma se aquieta. La casa se convierte en templo. El día se convierte en rito.

Esta valoración de la belleza discreta también enseña a lidiar con el envejecimiento, con la imperfección, con la finitud. La taza lascada no se tira. Se repara con oro —técnica conocida como *kintsugi*—. Y esa cicatriz dorada pasa a ser la parte más bella de la pieza. Porque no se esconde el dolor. Se transforma en arte. La vida, con sus pérdidas y sus marcas, es igualmente digna. El rostro que envejece. El cuerpo que cambia. El corazón que se parte. Todo puede ser rehecho. Todo puede brillar.

La estética sintoísta, por lo tanto, no es lujo. Es ética. Es camino de interiorización. Es disciplina de la mirada. Es purificación del alma por el gesto. Y quien cultiva esa mirada comienza a ver el mundo con otros ojos. Comienza a oír el sonido de las hojas. A percibir la danza del polvo en la luz. A sentir el calor de un té como bendición. Comienza a estar, realmente estar, donde está.

El Shinto invita a esa presencia. A vivir no solo por función, sino por belleza. A trabajar no solo por obligación, sino por armonía. A habitar los espacios no solo por necesidad, sino por reverencia. Y cuando eso se vuelve natural, cuando el gesto más simple lleva espíritu, la persona se convierte en canal de lo sagrado. Su caminar es rito. Su silencio es oración. Su casa es altar. Su vida, camino.

La belleza, cuando es acogida como vía de expresión espiritual, se revela no como un adorno, sino como un modo de escucha. Escucha del mundo, escucha de sí, escucha de los *kami*. En ese estado de sensibilidad despierta, los contrastes entre simplicidad y profundidad desaparecen: un tronco retorcido se convierte en enseñanza; una sombra que se alarga al final de la tarde, en un recordatorio de que todo pasa. El mirar afinado por la estética sintoísta es, al mismo tiempo, un mirar que cura —porque no busca corregir lo imperfecto, sino que ve en ello una forma de verdad—. La belleza, entonces, deja de ser algo que se contempla desde fuera y pasa a ser algo que se habita por dentro.

Esta forma de habitar el mundo transforma silenciosamente lo cotidiano. Y transforma también al sujeto. Lo que antes se ejecutaba con prisa, se convierte en práctica sagrada. Lo que antes se descartaba, ahora se repara con afecto. La belleza deja de ser función de la juventud o de la simetría y se convierte en una cuestión de presencia e intención. El alma sintonizada con esta vibración encuentra serenidad incluso en medio de la impermanencia. Al final, cuando se comprende que todo es flujo —la luz, el cuerpo, la emoción—, es posible finalmente reposar en el momento con gratitud. El tiempo, entonces, deja de ser enemigo y pasa a ser marco de revelaciones.

Así, vivir por la belleza no es futilidad —es coraje—. Coraje de abrir los ojos a lo efímero y encontrar en ello algo eterno. Coraje de reconocer lo divino en los detalles más humildes. Coraje de entregarse al gesto con verdad. Cuando el caminar se convierte en danza, el silencio se convierte en música, y la mirada se convierte en bendición, se percibe que la belleza no está en las cosas, sino en el modo de verlas. Y en ese modo, tan íntimo y silencioso, el alma toca lo que hay de más sagrado.

Capítulo 28
Espíritu de la Gratitud

En el corazón del Shinto, pulsa una fuerza suave, invisible y poderosa. Una fuerza que no depende de rituales elaborados, ni de palabras complejas. Una fuerza que está al alcance de cualquier persona, en cualquier lugar, en cualquier momento. Esa fuerza es la gratitud. No como sentimiento ocasional, sino como estado continuo de conciencia. No como respuesta a un favor recibido, sino como reconocimiento silencioso del don de la existencia. Gratitud, en el Shinto, no es solo virtud —es puente vivo entre lo humano y lo divino—.

Desde los primeros momentos del día, el practicante es invitado a agradecer. Al abrir los ojos, al sentir la luz del sol, al oír el sonido del viento o de la lluvia, al respirar profundamente, hay una oportunidad de reverencia. El cuerpo que despierta, la casa que abriga, el alimento que espera, el trabajo que lo llama, todo eso son dádivas. Y cada una de esas dádivas, cuando es reconocida como tal, fortalece el vínculo con los *kami*. Porque los dioses no exigen ofrendas grandiosas. Se hacen presentes cuando hay gratitud sincera.

Esta gratitud se expresa en gestos simples. Una inclinación de cabeza ante el *kamidana*. Una respiración consciente antes de una comida. Una mirada atenta al cielo al final de la tarde. Un toque leve sobre el árbol al pasar. Un suspiro profundo ante una flor que ha florecido. Son momentos breves, pero llenos de presencia. Y esa presencia transforma todo. Porque cuando se está realmente presente, se percibe que nada está garantizado. Todo es don. Y ese reconocimiento abre el corazón.

Las plegarias en el Shinto son, en su mayoría, plegarias de agradecimiento. El devoto no se aproxima al santuario solo para pedir. Va, sobre todo, para agradecer. Agradecer por lo que recibió, por lo que no sucedió, por lo que aprendió, por lo que fue posible. Agradecer incluso lo que no se entiende. Porque en el flujo de la vida, hasta aquello que parece pérdida puede contener bendición. Los *kami* conocen caminos que el humano no ve. Y confiar en ellos es también un acto de gratitud.

En los festivales, esta dimensión agradecida cobra cuerpo. El *Niiname-sai*, por ejemplo, es uno de los ritos más antiguos y sagrados, en que el emperador ofrece a los dioses el primer arroz de la cosecha, en nombre de todo el pueblo. Antes de comer, ofrece. Antes de disfrutar, reverencia. Es el orden natural de las cosas en el Shinto: primero, reconocer. Después, recibir. Aquel que agradece se vuelve digno de lo que posee. Aquel que solo exige, rompe el flujo.

Esta ética de la gratitud moldea la cultura japonesa de manera profunda. El hábito de agradecer antes y después de las comidas — *itadakimasu* y *gochisōsama* — no es mera formalidad. Es expresión viva del respeto por la comida, por el trabajo de quien la preparó, por la vida de los seres que allí se transformaron en sustento. Se agradece al pez, al arroz, al agricultor, al cocinero, al fuego, a la tierra, al tiempo. La comida no es banal. Es ritual. Y el alimento, cuando es recibido con conciencia, nutre más que el cuerpo —nutre el espíritu—.

De la misma forma, el trabajo se inicia con agradecimiento. La semana comienza con saludos formales, con gestos de reverencia, con rituales en empresas y tiendas. Muchos establecimientos mantienen sus *kamidana* activos, con ofrendas de agua, sal y arroz. Cada mañana, se recomienza con gratitud. Y cuando algo sale bien, se celebra. Cuando algo falla, se aprende. Y en ambos casos, se agradece. Porque vivir ya es motivo para ello.

Los propios santuarios son espacios de gratitud colectiva. Las *ema*, pequeñas placas de madera donde los fieles escriben sus deseos o agradecimientos, se acumulan en los altares con miles de mensajes silenciosos. "Gracias por la salud", "por la curación", "por la vida de mi hijo", "por este año que termina", "por el amor reencontrado". Cada placa es un testimonio de que la espiritualidad no necesita milagros extraordinarios. Necesita ojos que vean la dádiva en lo común.

La gratitud también se manifiesta en el cuidado de los ancestros. Al visitar las tumbas, al limpiar los memoriales, al ofrecer flores e incienso, el devoto no está solo cumpliendo un deber. Está expresando gratitud por su propia existencia. Cada vida es continuidad. Cada nacimiento es puente. Y quien reconoce el linaje que lo precedió vive con más respeto, con más humildad, con más equilibrio.

Este espíritu agradecido no niega el sufrimiento. El Shinto no romantiza el dolor. Pero enseña que, incluso en el dolor, hay espacio para la gratitud. Gratitud por la fuerza que surge. Gratitud por las manos que ayudan. Gratitud por el tiempo que cura. Gratitud por la conciencia que madura. Y cuando esa gratitud se instala, el dolor no se vuelve menor —pero el corazón se vuelve mayor—.

La práctica cotidiana de la gratitud tiene efectos profundos. Organiza la mente, purifica la mirada, alinea el ser. La persona que agradece vive con menos peso. Se queja menos. Exige menos. Se compara menos. Se siente parte del flujo. Se siente acompañada. Se siente plena. Porque la gratitud es el lenguaje de los *kami*. No hablan en voz alta. Pero responden a la sinceridad. Y quien agradece, escucha. Quien agradece, recibe más. No porque pidió —sino porque se volvió capaz de reconocer—.

Esta práctica no exige grandes transformaciones. Comienza con despertar y mirar el cielo. Con abrir una ventana y dejar entrar el aire. Con decir "gracias" con intención. Con escribir tres motivos para agradecer al final del día. Con recordar a quien estuvo presente. Con tocar un objeto querido con respeto. Todo es campo de gratitud. Y cada instante así vivido se convierte en un altar.

Los *kami* no piden perfección. Piden presencia. Y la gratitud es la forma más pura de esa presencia. No es espectáculo. Es estado. Es vibración silenciosa que transforma el ambiente. Que hace el suelo más firme. Que aclara el pensamiento. Que cura el resentimiento. Que disuelve el egoísmo. La gratitud es lo opuesto al olvido. Es el reconocimiento. Y quien reconoce vive de otro modo. Camina con otra levedad. Respira con otra profundidad.

En el Shinto, vivir con gratitud es vivir en comunión con el mundo. Es percibir que la vida, incluso con sus imperfecciones, es generosa. Que el tiempo es profesor. Que la muerte es parte del ciclo. Que la presencia de los otros es bendición. Que lo simple es suficiente. Que el ahora, vivido con atención y gratitud, ya contiene todo.

La gratitud, cuando se vive plenamente, transforma la existencia en reciprocidad constante. No hay separación entre quien da y quien recibe, entre lo ofrecido y lo que se ofrece a cambio. Todo se mezcla en un mismo gesto: el arroz que alimenta, la tierra que sustenta, el sol que calienta —y el corazón humano que, al reconocer, devuelve al mundo no solo palabras, sino presencia—. En esta danza silenciosa entre dar y agradecer, el vivir cotidiano se convierte en celebración, no por grandes acontecimientos, sino por el milagro escondido en los detalles, por lo sagrado que se esconde en lo simple. La gratitud, así comprendida, es mucho más que respuesta: es un modo de ser en el mundo.

Este modo moldea la mirada. Quien vive con gratitud aprende a ver con más nitidez, a sentir con más entereza, a oír con más escucha. Las quejas pierden espacio, no por represión, sino porque el alma cambia de frecuencia. El mundo, con todos sus contrastes, pasa a ser percibido como lugar de aprendizaje y revelación. Hasta los encuentros difíciles dejan rastros de sabiduría. E incluso en las pérdidas, hay una luz que se mantiene encendida —no de negación, sino de comprensión—.

Cuando el espíritu se vuelve al reconocimiento de lo que es, en vez de la expectativa de lo que falta, brota una paz que no depende de garantías. Una paz que nace del vínculo con la propia impermanencia. En ese estado, la vida deja de ser un camino de exigencias para convertirse en un camino de acogida. Y caminar se vuelve más ligero. No porque los pesos desaparezcan, sino porque el corazón se alinea a aquello que es esencial: el don de la existencia, la presencia de los otros, la generosidad de la naturaleza, el silencio de los *kami*. La gratitud, al fin, no es un fin —es el suelo fértil donde la espiritualidad florece—. Donde lo humano encuentra lo divino sin ruido. Donde el instante se revela entero. Donde lo simple se basta.

Capítulo 29
Camino de la Armonía

En el corazón del Shinto vibra una palabra que no necesita ser dicha en voz alta para ser comprendida. Una palabra que está presente en los bosques silenciosos, en los jardines cuidadosamente arreglados, en los rituales realizados en sincronía, en el gesto respetuoso entre dos personas que se encuentran. Esa palabra es *wa* —armonía—. Más que un concepto, *wa* es un estado. Es una respiración común entre seres y cosas. Es el ritmo que organiza el caos sin anular su diversidad. Es la línea invisible que cose el cielo a la tierra, el individuo a la comunidad, el gesto al silencio. Es por medio de la armonía que el mundo se mantiene. Y es por ella que los *kami* se hacen presentes.

Vivir en armonía es vivir en equilibrio con todo lo que existe. No solo con las personas, sino con los espacios, con el tiempo, con los ancestros, con los ritmos naturales. El Shinto ᴎᴇ separa los dominios de la existencia. Lo que está fuera reverbera dentro. Lo que se hace en el cuerpo afecta al ambiente. Lo que se piensa resuena en los vínculos. Por eso, cada acción, por menor que parezca, tiene un peso espiritual. El modo como se ordena una habitación, como se camina por un sendero, como se sirve una comida, como se escucha una historia —todo eso o fortalece o rompe la armonía—.

Esa conciencia comienza temprano. Desde la infancia, el japonés es educado a percibir el impacto de su presencia en lo colectivo. Se aprende que no se debe ser un peso para los otros. Que el orden de los espacios es un reflejo del orden interior. Que hablar en exceso puede herir el silencio ajeno. Que actuar con desatención perturba el flujo. No se trata de represión —sino de afinación—. El alma se afina como un instrumento. Y la armonía, cuando se toca, transforma el ambiente en templo.

En los santuarios sintoístas, esta armonía se vive en el cuidado extremo con la disposición de los elementos. Nada está allí por casualidad. El *torii* no es solo portal —es alineamiento—. El camino de piedras no es solo sendero —es preparación para la entrada en el espacio sagrado—. La fuente de purificación no está allí por ornamento —es rito para reencontrar el centro—. Y al pasar por estos espacios con atención, el devoto se siente reequilibrado. El mundo interior se organiza por el orden del mundo exterior. Y el cuerpo, al desacelerar, vuelve a escuchar el flujo de la vida.

La armonía también se revela en las relaciones humanas. El Shinto valora profundamente el respeto mutuo, la gentileza discreta, la cooperación silenciosa. El conflicto no se niega, pero se trata con delicadeza. La rabia se reconoce, pero no se amplifica. El desencuentro se acoge, pero no se celebra. Porque todo lo que desequilibra aleja a los *kami*. Y los dioses no descienden donde hay ruido excesivo. Prefieren los lugares donde el gesto es claro, donde la palabra es medida, donde el corazón es verdadero.

Esta énfasis en la armonía hace del Shinto una espiritualidad relacional. La persona no se salva sola. Se salva al restaurar los lazos. Con la naturaleza. Con los otros. Con la propia esencia. La culpa, aquí, no es sentimiento punitivo —es señal de que algo se desalineó—. La vergüenza, en este contexto, es herramienta de autopercepción. Cuando se percibe que una actitud hirió el orden de las cosas, se busca corregir. Se busca pedir perdón. Se busca purificar. Porque la pureza no es solo física —es armonía restaurada—.

La armonía con la naturaleza es otro eje fundamental. Los bosques se preservan no solo por razones ecológicas, sino porque son morada de los *kami*. Las montañas se respetan como entidades vivas. Los ríos se reverencian. Las piedras se dejan en su lugar. El Shinto enseña que mover el mundo sin escucha es generar desorden. Que construir en exceso, extraer sin cuidado, consumir sin conciencia, es romper el pacto sagrado con la tierra. Y donde ese pacto se rompe, el vacío se instala. La abundancia se desvanece. El alma enferma.

Por eso, incluso en las grandes ciudades, hay santuarios. Pequeños refugios de armonía. Espacios donde el sonido de la campana corta el ruido de los coches. Donde el viento sopla sin prisa. Donde la presencia de los *kami* es restauradora. Esos lugares no son solo memoria. Son pulmones espirituales. Son espacios donde el tiempo se alinea de nuevo. Donde la prisa se disuelve. Donde el humano recuerda que forma parte de algo mayor.

El Shinto enseña también que restaurar la armonía es siempre posible. No importa cuánto se haya errado. Lo importante es reconocer. Es purificar. Es retornar. La impureza no es maldad —es descompás—. Y el rito existe para ayudar al ser humano a reencontrar el ritmo. El *misogi*, la limpieza con agua, es más que un baño —es gesto de retorno al estado de fluidez—. El agua se lleva lo que pesa. Y lo que pesa demasiado, se distancia de la levedad de los dioses.

Esta visión influencia incluso la estética. La belleza no es simetría. Es equilibrio dinámico. Es orden que acoge lo imprevisto. Un arreglo floral, por ejemplo, se hace considerando el vacío entre los elementos. Un jardín no busca controlar la naturaleza —sino realzarla—. Un ambiente bien cuidado no es aquel donde todo brilla, sino aquel donde todo respira en conjunto. Y esa respiración, cuando es compartida, se convierte en experiencia espiritual.

La armonía también se cultiva en las estructuras sociales. La organización de las comunidades, el respeto a los ancianos, la responsabilidad compartida en las tareas públicas, todo eso refleja la espiritualidad de la convivencia. En los festivales, esta armonía se manifiesta en la cooperación entre vecinos, en la danza colectiva, en la división de los alimentos, en la celebración común de la vida. El *kami* es invocado, no como propiedad de uno, sino como presencia para todos. Y el bienestar de un barrio es visto como bienestar de todos.

En los tiempos de crisis, esta cultura de la armonía muestra su fuerza. En tragedias naturales, en momentos de escasez, el pueblo se une. Se organiza. Coopera. Silencia. Espera. Ayuda. No porque se exija —sino porque se aprendió, desde temprano, que el equilibrio se construye junto—. Y que el sufrimiento, cuando es compartido, pesa menos. Y que el dolor, cuando es reconocido, puede generar compasión.

Restaurar la armonía, cuando se rompe, exige coraje. Exige humildad. Exige escucha. Exige silencio. Pero el Shinto no abandona a quien yerra. Ofrece caminos. Caminos de reconciliación. Caminos de purificación. Caminos de retorno. Y quien retorna, con sinceridad, encuentra nuevamente a los dioses. Porque los *kami* son pacientes. Esperan. Observan. Acogen.

Vivir el Camino de la Armonía es vivir con conciencia expandida. Es percibir que cada acción vibra. Que cada palabra construye o destruye. Que cada elección resuena. Y por eso, el practicante sintoísta busca, en todo, el equilibrio. No perfección. Sino ajuste continuo. Como el barco que corrige su curso a cada ola. Como el árbol que se curva al viento, pero no se quiebra.

La verdadera fuerza de la armonía reside en su suavidad persistente. No impone, sino que invita. No fuerza, sino que sostiene. Y por eso, muchas veces, pasa desapercibida —como el cimiento que mantiene en pie la casa, como la respiración que da vida al cuerpo—. El practicante que vive atento a este principio entiende que la armonía no es un estado fijo, sino un proceso vivo de escucha y respuesta. Cada día, cada situación, exige un nuevo gesto de afinación: un silencio más, una palabra menos, una elección que considere no solo el propio bien, sino el bien de todos los que comparten el mismo espacio. La armonía, así, se convierte en brújula espiritual.

Este modo de vivir, pautado en la conciencia relacional, transforma el modo como se reacciona al mundo. En vez de reaccionar con impulsividad, se aprende a responder con presencia. En vez de imponerse, se busca comprender. No se trata de anular los propios deseos, sino de ponerlos en diálogo con el todo. La rabia encuentra escucha. La frustración encuentra cuidado. La alegría encuentra reparto. La armonía no es anestesia emocional —es alquimia—. Transforma sin borrar. Educa sin reprimir. Y, en ese proceso, el ser humano se convierte no solo en practicante de una tradición espiritual, sino en presencia pacificadora en el mundo.

Vivir el camino de la armonía es, por lo tanto, una elección diaria por un modo de existir que une, acoge, reequilibra. Es el cultivo de una vida que no busca control, sino conexión. Donde el error no es fallo definitivo, sino oportunidad de retorno. Donde la belleza nace del respeto, y la ética brota del afecto. En este camino, el practicante comprende que no hay gesto demasiado pequeño para restaurar el orden del mundo. Que basta una mirada atenta, un paso consciente, un corazón abierto —y la presencia de los *kami* florece—.

Capítulo 30
Eternidad de los Kami

En el Shinto, el tiempo no es una línea recta que separa pasado, presente y futuro. Es círculo, espiral, respiración cósmica. Pulsa en ciclos: de las estaciones, de las generaciones, de las vidas. Y dentro de esos ciclos, hay una permanencia. Una continuidad silenciosa que no depende de la materia, ni de la memoria. Una presencia que se mantiene, incluso cuando los ojos humanos ya no ven. Los *kami*, dioses de la naturaleza, de las fuerzas y de los antepasados, no desaparecen. Permanecen. No en cuerpos, no en formas fijas, sino en espíritu. En esencia. En vibración. Porque en el Shinto, lo sagrado es eterno.

Esa eternidad no es una idea abstracta. Se vive en rituales, en gestos, en paisajes, en lazos. Se expresa en la reverencia constante a los ancestros, en los santuarios que atraviesan siglos, en los árboles sagrados que testimoniaron generaciones enteras pasando bajo su sombra. El tiempo, en esos espacios, parece suspendido. La piedra del altar es la misma desde hace quinientos años. La campana, tocada al amanecer, resuena como resonaba hace siglos. El *torii*, atravesado en silencio, abre el mismo portal entre los mundos. Nada ha cambiado. Todo permanece. Porque todo está en estado de continuidad.

La idea de que los ancestros se convierten en *kami* después de la muerte es una de las más profundas expresiones de esta eternidad. No se trata de creencia en reencarnación, ni de una teología del alma. Se trata de un reconocimiento: lo que fue vivido con pureza, con sinceridad, con rectitud, permanece. Aquel que vivió con *makoto* no desaparece. Se convierte en presencia. Se convierte en influencia silenciosa. Se convierte en espíritu protector. Se convierte en *kami*.

Esta transformación no es privilegio de algunos. Está al alcance de todos. El Shinto enseña que cualquier persona, al vivir con virtud, puede ser recordada con reverencia. Puede convertirse en fuente de inspiración, de protección, de orientación. El abuelo que cuidó de la familia. La madre que rezaba ante el *kamidana*. El anciano de la aldea que preservaba los rituales. El agricultor que respetaba la tierra. Todos ellos, al partir, no se van. Permanecen. No como sombra, sino como luz.

Esa luz se enciende en cada altar doméstico, en cada ofrenda de arroz, en cada flor dejada ante una sepultura. La memoria no es una carga —es un puente—. Y el espíritu del ancestro no exige adoración, solo reconocimiento. El respeto dado al pasado es semilla de futuro. Y así, el tiempo se curva sobre sí mismo. Y el presente se enriquece con la presencia de quien vino antes.

En los rituales de culto ancestral, la eternidad se hace tangible. Al nombrar a los muertos en voz alta, al recitar palabras de gratitud, al ofrecer agua, incienso y alimento, el practicante se coloca ante el misterio del tiempo. Y en ese gesto simple, comprende que no está solo. Que su vida es continuación. Que su sangre lleva historias. Que sus gestos repercuten en generaciones futuras. Se convierte en vínculo. Y el vínculo, cuando consciente, es sagrado.

Esta visión también ofrece un modo diferente de comprender la muerte. En el Shinto, no es ruptura definitiva. Es transición. El dolor de la pérdida existe, pero no paraliza. El luto se vive con reverencia, con silencio, con limpieza. El cuerpo es cuidado, el espíritu es guiado. Y el recuerdo se cultiva. El altar con el nombre del fallecido permanece. Las visitas a la tumba se convierten en encuentros. El espíritu no es llamado —ya está allí—. Y lo que se ofrece es gratitud.

La eternidad de los *kami* también se manifiesta en la naturaleza. Las montañas, los ríos, los vientos, las estrellas —todo eso son expresiones de lo sagrado continuo—. La piedra no envejece. El mar no cesa. El cielo no desaparece. Cambian, pero permanecen. Y el ser humano, al reconocer esto, se alinea a un tiempo mayor. Deja de vivir solo para lo inmediato. Pasa a respetar los ciclos, a honrar lo que vino antes, a cuidar lo que vendrá después.

Ese cuidado es un modo de eternizar la propia existencia. No con monumentos, no con fama, sino con acciones. El Shinto enseña que vivir bien es vivir de forma que tu presencia haga diferencia. Que tu gesto inspire. Que tu nombre despierte respeto. Que tu paso por la tierra deje una senda de armonía. Y cuando eso sucede, la muerte no es fin —es retorno—. Retorno al gran ciclo. Retorno al flujo de los *kami*. Retorno al campo invisible de donde todo vino y hacia donde todo va.

Por eso, los dioses no envejecen. No mueren. Se transforman, se desplazan, se recogen. Pero permanecen. En cada flor que desabrocha, en cada rayo de sol que calienta, en cada brisa que toca el rostro con ternura. El mundo está lleno de *kami* porque el mundo está lleno de vida. Y donde hay vida vivida con reverencia, hay eternidad.

Esta percepción transforma la forma como se vive. No se actúa solo para sí. Se actúa con conciencia de que cada actitud resuena. El bien practicado se perpetúa. El cuidado genera raíces. La gratitud abre caminos. Y así, incluso los gestos más simples —como barrer un templo, como cuidar de un jardín, como ayudar a un vecino— se convierten en semillas de eternidad. El tiempo humano es breve. Pero lo que se hace con verdad permanece.

El Shinto no promete vida eterna en otro mundo. Invita a construir eternidad aquí. En lo que se toca, en lo que se ofrece, en lo que se deja. La inmortalidad, en este camino, no es fuga de la muerte. Es continuidad de la presencia. Y quien vive con conciencia de esta continuidad, vive con más levedad, con más profundidad, con más paz.

La eternidad de los *kami* es también una llamada. Una llamada a vivir de forma que la vida continúe más allá del cuerpo. De forma que el nombre sea recordado con afecto. De forma que la presencia haga falta. De forma que el espíritu se convierta en luz. No por vanidad. Sino por devoción. Por humildad. Por deseo sincero de dejar el mundo mejor de como se encontró.

Esta conciencia de eternidad, tan presente en el Shinto, disuelve el miedo a la muerte sin negar su dolor. El fin de una vida no es desaparición —es transformación—. Y al aceptar esa transformación con reverencia, el ser humano aprende a acoger también las pequeñas muertes de lo cotidiano: el fin de un ciclo, la pérdida de un vínculo, el cambio de un paisaje interior. Todo lo que se va, permanece de algún modo. Todo lo que silencia, resuena en otros planos. Y así, la vida deja de ser una línea que corre hacia un punto final, y pasa a ser un círculo que se expande. Un flujo que se renueva.

Vivir con esta percepción cambia el modo de estar en el mundo. Las elecciones se vuelven más conscientes, los vínculos más profundos, los gestos más significativos. Porque cada palabra puede resonar más allá del instante, cada acción puede inscribirse en el tiempo. La eternidad de los *kami* no es estática —es continuidad viva—. Es lo que se mantiene a través del cuidado, de la memoria, de la intención. Y cuando se comprende que cada instante es semilla de permanencia, no hay más espacio para el desperdicio de la existencia. El presente se convierte en suelo sagrado. El ahora se convierte en altar.

En ese sentido, la eternidad no está en el más allá —está en el entre—. Entre generaciones, entre mundos, entre un gesto y otro. El practicante que vive con conciencia de esta presencia sutil comprende que el espíritu no termina con la muerte, sino que se transforma en influencia silenciosa, en viento que guía, en recuerdo que consuela. Y así, el ciclo se cierra y recomienza, en paz. Porque la vida, cuando vivida con *makoto*, no necesita durar para siempre —basta que haya sido entera—.

Capítulo 31
Sabiduría de los Ciclos

En el Shinto, nada es fijo. Nada es estático. Nada permanece como fue. Lo que florece, un día caerá. Lo que comienza, un día terminará. Pero el fin nunca es término absoluto —es transición—. Es punto de inflexión en el gran movimiento que conduce todas las cosas. El universo no se mueve en línea recta. Respira. Gira. Retorna. Y en ese retorno incesante, el ser humano encuentra no la monotonía de la repetición, sino la sabiduría profunda de la renovación. Esa es la sabiduría de los ciclos. Una sabiduría que no se aprende en libros, sino que se absorbe por la convivencia con la naturaleza, con el tiempo, con la propia vida.

Las estaciones del año son expresión de esa sabiduría. La primavera llega con su promesa de renacimiento. El verano expande todo. El otoño recoge. El invierno silencia. Y cada fase, aunque efímera, es plena en su verdad. El error moderno es querer fijarse en una única estación. Querer solo el calor, solo la luz, solo el florecer. Pero el Shinto enseña que hay belleza en cada fase. Que la hoja caída tiene tanto valor como el botón que despunta. Que la nieve que cubre la tierra no es ausencia de vida —es reposo fértil—. Y que el frío prepara el florecer.

Esta enseñanza se extiende a la vida humana. Hay tiempos de expansión y tiempos de recogimiento. Tiempos de creación y tiempos de espera. Tiempos de alegría intensa y tiempos de dolor profundo. Todos forman parte del mismo flujo. El intento de resistir al ciclo es lo que genera sufrimiento. La sabiduría está en confiar. Confiar en que el dolor pasará. En que la luz retornará. En que el corazón encontrará nuevo compás. Y esa confianza no es pasividad. Es alineamiento. Es aceptación activa. Es escucha del ritmo mayor que conduce todo.

La infancia, la juventud, la madurez y la vejez son estaciones del alma. Cada una lleva su brillo. Cada una tiene su peso. Y el Shinto invita a honrar todas ellas. La infancia con su pureza y frescor. La juventud con su osadía. La madurez con su fuerza silenciosa. La vejez con su sabiduría acumulada. Ninguna es superior. Ninguna es inferior. Todas son expresiones del *kami* en movimiento. Y quien vive cada una de ellas con reverencia, vive de forma plena.

Esta conciencia cíclica también cambia la forma como se ve el fracaso, la pérdida, el error. Nada de eso es definitivo. Todo puede ser rehecho. Recomenzado. Purificado. En el Shinto, la idea de *harae*, la purificación, permite que el ser humano se libere del peso del pasado. No se trata de borrar —se trata de limpiar—. De soltar. De dejar ir. El error reconocido y purificado se convierte en semilla de acierto. El dolor acogido se convierte en fuente de compasión. La pérdida vivida con verdad abre espacio para lo nuevo.

En los ritos y festivales, esta sabiduría se manifiesta con belleza. El *Shōgatsu*, el Año Nuevo japonés, no es solo fiesta —es rito de renovación—. Las casas se limpian. Los amuletos del año anterior son quemados. Los primeros rayos del sol del nuevo año son saludados con silencio y reverencia. Todo comienza de nuevo. Y ese recomienzo es vivido no como obligación, sino como bendición. Porque vivir es tener la oportunidad de intentar otra vez. De ser un poco mejor. De andar con más verdad.

El Shinto enseña que el dolor también forma parte del camino. Que el sufrimiento no es castigo. Es pasaje. Es parte de la depuración que antecede al florecer. La flor de cerezo, símbolo máximo de la belleza japonesa, es tan admirada precisamente porque dura poco. Su belleza está en la fugacidad. Y así es con todo en la vida. El amor. La juventud. La presencia de alguien querido. Todo es temporal. Pero nada es en vano. Lo que fue vivido con intensidad permanece, incluso después de que se va.

La sabiduría de los ciclos también se expresa en la relación con la naturaleza. El agricultor que siembra sabe esperar. No fuerza el tiempo. Respeta la tierra. Sabe que la semilla tiene su ritmo. Que el brote necesita sol y sombra. Que la cosecha solo llega para quien cuida con paciencia. El practicante del Shinto aprende con el campo. Aprende a confiar. Aprende a trabajar sin apego. Aprende a cosechar con gratitud. Porque todo lo que viene, viene del *kami*. Y todo lo que se va, también retorna a él.

Esta visión genera una ética de presencia. La persona deja de vivir en busca del futuro ideal. Pasa a habitar el ahora con reverencia. El presente, por más común que parezca, es el único tiempo donde lo sagrado se revela. La caminata hasta el templo, el sonido de la lluvia en el tejado, el té bebido en silencio, el gesto de barrer el suelo —todo es rito—. Todo es ciclo. Todo es oportunidad de vivir con atención.

El Shinto no ofrece promesas de eternidad inmutable. Ofrece la eternidad de los ciclos. La certeza de que todo retorna. De que la luz vuelve. De que la vida se renueva. Y esa certeza no exige fe ciega. Exige ojos abiertos. Corazón presente. Cuerpo despierto. Y esos son atributos que cualquier persona puede cultivar, en cualquier lugar, en cualquier tiempo.

En las fases difíciles, esa sabiduría es escudo. Cuando todo parece estancado, el practicante recuerda: nada permanece. Lo que hoy pesa, mañana se disuelve. Lo que hoy oscurece, mañana clarea. La rueda gira. La marea cambia. El viento sopla. Y el *kami*, silencioso, acompaña. No impone. No apremia. Pero sostiene. Y ese sustento, aunque invisible, es fuerza real.

Vivir los ciclos con sabiduría es vivir con humildad. Es reconocer que no se controla todo. Que no se posee nada. Que todo lo que viene es regalo. Y todo lo que se va, lleva consigo una parte de lo aprendido. La pérdida no es vacío —es espacio para lo nuevo—. El fin no es derrota —es invitación a la transformación—. El caer de las hojas no es muerte —es preparación para otro florecer—.

Así, el Shinto conduce al practicante a una vida más serena. No por ausencia de desafíos, sino por confianza en el flujo. Por presencia en los instantes. Por gratitud incluso en el silencio. Y por alegría no ruidosa, sino constante. Porque quien vive con conciencia de los ciclos, aprende a danzar con la vida. A andar con los dioses. A reposar en el ritmo de la existencia.

El reconocimiento de los ciclos como expresión de lo divino también enseña a vivir con más compasión —no solo consigo mismo, sino con los otros—. Cuando se comprende que cada persona atraviesa sus propias estaciones, se vuelve más fácil acoger sus fragilidades, sus inviernos, sus pausas. La prisa cede lugar a la escucha. La exigencia se transforma en cuidado. El juicio da espacio a la comprensión. El error del otro ya no es visto como fallo imperdonable, sino como parte de un camino en formación, como semilla que aún ha de florecer en su tiempo. Nadie es siempre verano, nadie está libre de los vientos del otoño. Y esa conciencia compartida genera vínculos más tiernos, más humanos, más verdaderos.

Al vivir con esta percepción sutil, todo gana nuevo valor. Los instantes dejan de ser meros peldaños hacia algo mayor y pasan a ser el propio lugar de la revelación. Lo cotidiano se convierte en expresión sagrada. Cocinar, caminar, cuidar de la casa, oír a alguien, llorar, reír, descansar —todo se entrelaza en el hilo invisible que conecta lo humano a lo sagrado—. El practicante del Shinto aprende a honrar esos hilos. No busca huir del mundo, sino sumergirse en él con presencia.

Vivir los ciclos es, en ese sentido, aceptarse parte de la danza universal. No como espectador, sino como participante. Como hoja que cae, como flor que nace, como viento que sopla y, al pasar, transforma. Y es en ese flujo continuo que se encuentra una forma más plena de existir —no aquella basada en certezas rígidas o metas fijas, sino una existencia que se moldea con el tiempo, como agua que aprende el contorno de la piedra—. La sabiduría de los ciclos no es fórmula, es vivencia. No es doctrina, es experiencia sentida. Invita, silenciosamente, a la escucha profunda de la vida. Y quien oye esa llamada aprende que hay belleza incluso en la pérdida, sentido incluso en el silencio y camino incluso cuando no se ve carretera. Porque todo retorna. Y en ese retorno, el ser se rehace.

Capítulo 32
El Legado Vivo

El Shinto no es un eco del pasado. No está guardado en vitrinas, ni pertenece solo a los libros antiguos. No duerme bajo las cenizas de la historia, ni reposa en templos olvidados. El Shinto vive. Respira. Crece. Se revela en el gesto más simple, en el silencio más profundo, en la vida más cotidiana. No necesita conversión, ni dogmas, ni discursos. Basta una mirada atenta, un corazón sincero, una presencia despierta. Porque los *kami*, los dioses silenciosos de la creación, continúan entre nosotros. No se alejaron. Solo esperan. Esperan ser reconocidos en el brillo del agua, en la firmeza de una montaña, en el susurro del viento. Esperan ser saludados con respeto, no con palabras complejas, sino con actitudes verdaderas. No exigen rituales perfectos —aceptan el gesto imperfecto hecho con verdad—. El Shinto es eso: una espiritualidad que no impone. Invita. Que no exige. Inspira. Que no habla alto. Pero cuando es escuchada, transforma.

Este legado no es propiedad exclusiva del pueblo japonés. Nació en Japón, sí. Echó raíces en su tierra, en su cultura, en su modo de vivir. Pero sus verdades son universales. Todo ser humano puede vivir con reverencia. Todo corazón puede cultivar la pureza. Toda alma puede aprender a ver lo sagrado en el mundo natural. Todo hogar puede convertirse en altar. Todo día puede ser vivido como rito. Y cuando eso sucede, el Shinto deja de ser una religión extranjera —se convierte en camino interior—.

Este camino no exige que el practicante abandone otras creencias. No compite. No disputa. No condena. Acoge a quien camina con sinceridad. A quien desea vivir con gratitud. A quien reconoce la belleza del mundo. A quien actúa con respeto. A quien escucha con atención. El Shinto no tiene sede central. No tiene profeta. No tiene libro de mandamientos. Tiene montañas. Tiene ríos. Tiene el ciclo de las estaciones. Tiene la luz del sol y la sombra de los árboles. Y tiene el corazón humano, donde cada gesto puede ser sagrado.

El legado del Shinto es el legado de la armonía. Con el mundo. Con los otros. Consigo mismo. Vivir bien es vivir en equilibrio. Es respetar los límites. Es cuidar lo que se tiene. Es agradecer por lo que llega. Es aceptar lo que se va. Es honrar a los ancestros. Es proteger a los que vendrán. El tiempo, en el Shinto, no es prisa. Es continuidad. Y quien comprende esto, vive sin miedo. Porque sabe que lo que es verdadero nunca se pierde. Solo se transforma.

Esta enseñanza se hace presente en el modo como se vive lo cotidiano. En la forma como se entra en casa. Como se arregla la mesa. Como se saluda al día. Como se recoge uno por la noche. Nada es banal. Todo es ocasión de presencia. El mundo, visto con los ojos del Shinto, es templo. Y vivir en ese mundo es, por sí mismo, una forma de oración.

Los santuarios, incluso los más pequeños, continúan recibiendo visitantes. Los sacerdotes continúan realizando los ritos. Las *miko* aún danzan. Las personas aún dan palmadas, aún se inclinan ante los *torii*, aún dejan ofrendas, aún piden protección, aún agradecen. E incluso aquellos que no nacieron en Japón, que nunca visitaron un templo, que quizá ni sepan el nombre de los *kami*, pueden participar de este flujo. Porque lo sagrado, cuando vivido con verdad, se manifiesta en cualquier lugar.

El *kamidana*, el altar doméstico, puede erigirse en cualquier hogar. Basta un espacio limpio. Un gesto de intención. Una rama de planta. Un vaso con agua. Un momento de silencio. Y allí, entre cuatro paredes, lo invisible se aproxima. La presencia de los dioses no depende de la geografía. Depende de pureza. Depende de sinceridad. Depende de gratitud.

El Shinto enseña que vivir bien no es acumulación. Es conexión. Que tener mucho no es garantía de paz. Pero vivir con respeto sí. Que el mundo natural no es obstáculo —es espejo—. Y que la espiritualidad verdadera no se proclama —se vive—. En silencio. Con belleza. Con armonía.

Este legado está disponible para quien quiera. No necesita título. No necesita iniciación. Necesita solo voluntad de vivir con más verdad. De escuchar el viento. De respetar el tiempo. De cuidar la vida. De mantener el corazón abierto. Y cuando esa elección se hace, los *kami* se aproximan. Porque reconocen el *magokoro* —el corazón verdadero—. No se impresionan con la apariencia. Pero se alegran con la integridad.

El Shinto no ha acabado. No se ha debilitado. No ha desaparecido. Simplemente continúa siendo lo que siempre fue: una vía silenciosa hacia lo sagrado. Una presencia continua en lo cotidiano. Un recordatorio de que vivir puede ser más ligero, más bello, más puro. Y que cada paso, cuando se da con reverencia, es también paso dado con los dioses.

Ese es el legado. Un modo de caminar. Una manera de vivir. Una sensibilidad. Un silencio que cura. Una belleza que no exige. Una pureza que transforma. Un camino que nunca termina. Porque el Camino de los *Kami* está siempre recomenzando. En cada gesto. En cada estación. En cada corazón que elige vivir con sinceridad.

La vitalidad del Shinto no reside solo en la preservación de sus ritos o en la repetición de sus prácticas —pulsa en la forma como transforma la mirada—. El practicante atento comienza a ver con otros ojos, no porque aprendió algo nuevo, sino porque ha pasado a recordar lo que, en algún nivel, siempre supo. La reverencia ante la lluvia, el respeto silencioso por una piedra antigua, la gratitud por un alimento simple —todo eso brota no de una regla, sino de un reconocimiento—: el mundo está habitado por presencias sutiles, y todo merece cuidado.

Ese cambio de mirada no exige esfuerzo dramático. Se insinúa. Sucede en los pliegues del día, en el ritmo del cuerpo, en la escucha del tiempo. Es por eso que el Shinto, aunque discreto, deja marcas profundas. No busca ocupar espacio, sino generar sentido. No pretende dominar, sino despertar. Su legado vive donde hay alguien dispuesto a vivir con intención. No importa si en un templo entre montañas o en un apartamento urbano; si entre los árboles ancestrales o entre muros de concreto —lo que importa es la calidad del gesto—. La conciencia con que se vive. La nobleza de la simplicidad. Y, sobre todo, el cultivo del *magokoro*, ese corazón verdadero que no se exhibe, sino que se ofrece. Donde ese corazón florece, el camino está presente. Y es allí que los *kami* se aproximan, no como figuras distantes, sino como parte inseparable de la vida que pulsa.

Seguir este camino es aceptar que lo sagrado нe está lejos, ni escondido —está aquí, ahora, accesible para quien quiera ver—. Se revela en el cuidado silencioso de las cosas pequeñas, en el respeto por aquello que no se entiende, en la gratitud por lo que simplemente es. El legado del Shinto no necesita ser llevado como una bandera. Se transmite en el modo de estar en el mundo. Es herencia viva. Y como todo lo que vive, continúa moviéndose, creciendo, encontrando nuevos espacios, nuevas formas, nuevos corazones donde florecer.

Epílogo

Al llegar al final de este viaje, algo en usted ha cambiado. Quizá imperceptible a los ojos, pero nítido para el alma. Como la flor de cerezo que cae en silencio y, aun así, transforma el suelo sobre el cual reposa —así también las palabras, los ritos, los gestos y los *kami* presentados aquí se posaron suavemente sobre su mundo interior—. Y ahora, todo vibra de manera diferente.

Lo que usted ha leído no fue un manual, ni un tratado. Fue una revelación. Una llamada sutil a la presencia. Y más que eso: fue un recuerdo. Porque, en el fondo, usted ya sabía. Sabía que existe algo sagrado en el modo como la brisa toca el rostro, en el modo como el agua escurre entre los dedos, en el sonido del silencio entre las palabras. El Shinto solo le devolvió a usted ese saber olvidado, adormecido bajo capas de prisa, ruido y lógica.

Usted aprendió, a lo largo de las páginas, que lo sagrado no está separado de lo cotidiano. Que lo divino no habita solamente templos, sino que mora en los gestos simples, en los objetos puros, en los instantes sinceros. Aprendió que la espiritualidad no necesita promesas, sino práctica; no fe ciega, sino *magokoro* —el corazón verdadero—.

Si ha llegado hasta aquí, no lo hizo solo como lector. Se convirtió en peregrino. Y cada capítulo fue un paso hacia un nuevo modo de estar en el mundo. Atravesó portales, reverenció a dioses ancestrales, contempló festivales como celebraciones de la vida y de la impermanencia. Sintió que la pureza no es concepto moralista, sino estado vibracional. Comprendió que ofrendar no es dar, sino agradecer por ya haber recibido. Y, quizá lo más importante: reconoció que no hay separación entre usted y el mundo. Que todo lo que es, es junto.

Esa espiritualidad que pulsa en cada rito, danza, plegaria o sonido sagrado, ahora pulsa también en usted. Y eso no puede deshacerse.

Japón, con su reverencia silenciosa y su sentido estético impregnado de sacralidad, no es solo un país —es un espejo—. Un reflejo de lo que sucede cuando un pueblo entero decide vivir con atención, con gratitud, con respeto a la naturaleza y a lo invisible. Es un recordatorio vivo de que la verdadera prosperidad no se mide solo en cifras o conquistas, sino en armonía con lo que nos trasciende.

Y esa armonía comienza, como vimos, en casa. En el altar doméstico donde el agua es renovada con cuidado. En la limpieza hecha no solo para higienizar, sino para purificar. En el acto de comer con reverencia. En la mirada lanzada al cielo al amanecer. El mundo entero, entonces, se revela como un santuario. Y cada vida, como una ofrenda en construcción.

Al internalizar las enseñanzas de este libro, usted no está solo absorbiendo una sabiduría extranjera. Está rescatando una sensibilidad olvidada —una forma ancestral de vivir en comunión con todo lo que respira, crece, fluye y se transforma—. Está asumiendo un nuevo compromiso: el de escuchar el mundo con más delicadeza, de actuar con más presencia, de existir con más gratitud.

Porque ahora usted sabe: El viento no sopla en vano. La piedra no está allí por casualidad. El silencio no es vacío. Y usted... ... usted es puente entre mundos.

Los *kami* están por todas partes —pero no gritan—. Esperan. Esperan el gesto correcto, la postura respetuosa, el corazón alineado. Esperan por usted en cada mañana, en cada acto de gentileza, en cada palabra dicha con verdad. Y, sabiendo esto, usted se convierte en parte activa del gran campo sagrado que sostiene el universo.

Nada termina aquí. Al contrario: ahora comienza lo esencial.

Permítase retornar a los capítulos anteriores como quien revisita un jardín: a cada estación, revela nuevas flores. Lo mismo sucederá con este libro. Cuanto más usted se transforma, más revelará este. Porque la sabiduría contenida en estas páginas no es lineal —es cíclica, viva, orgánica—.

Usted puede cerrar el libro. Pero ya no puede cerrar los ojos.

El sonido de la campana aún resuena. La brisa aún lleva mensajes. La flor aún cae en silencio.

Y usted, que ahora sabe oír lo invisible, ya no camina solo.

www.ingramcontent.com/pod-product-compliance
Ingram Content Group UK Ltd.
Pitfield, Milton Keynes, MK11 3LW, UK
UKHW042004230426
12048UKWH00009B/551